AF283657

Gestión básica del almacén. COML008PO

Gustavo Abelaira Sarmiento

ic editorial

Gestión básica del almacén. COML008PO
© Gustavo Abelaira Sarmiento

1ª Edición

© IC Editorial, 2024

Editado por: IC Editorial
c/ Cueva de Viera, 2, Local 3
Centro Negocios CADI
29200 Antequera (Málaga)
Teléfono: 952 70 60 04
Fax: 952 84 55 03
Correo electrónico: iceditorial@iceditorial.com
Internet: www.iceditorial.com

IC Editorial ha puesto el máximo empeño en ofrecer una información completa y precisa. Sin embargo, no asume ninguna responsabilidad derivada de su uso, ni tampoco la violación de patentes ni otros derechos de terceras partes que pudieran ocurrir. Mediante esta publicación se pretende proporcionar unos conocimientos precisos y acreditados sobre el tema tratado. Su venta no supone para **IC Editorial** ninguna forma de asistencia legal, administrativa ni de ningún otro tipo.

Reservados todos los derechos de publicación en cualquier idioma.

Según el Código Penal vigente ninguna parte de este o cualquier otro libro puede ser reproducida, grabada en alguno de los sistemas de almacenamiento existentes o transmitida por cualquier procedimiento, ya sea electrónico, mecánico, reprográfico, magnético o cualquier otro, sin autorización previa y por escrito de IC EDITORIAL; su contenido está protegido por la Ley vigente que establece penas de prisión y/o multas a quienes intencionadamente reprodujeren o plagiaren, en todo o en parte, una obra literaria, artística o científica.

ISBN: 978-84-1184-289-1
Depósito Legal: MA 1553-2024

Impresión: PODiPrint
Impreso en Andalucía – España

Nota de la editorial: IC Editorial pertenece a Innovación y Cualificación S. L.

Especialidad formativa

Se entiende por especialidad formativa la agrupación de contenidos, competencias profesionales y especificaciones técnicas que responde a un conjunto de actividades de trabajo enmarcadas en una fase del proceso de producción y con funciones afines.

Las especialidades formativas de Uso General, Formación Complementaria, Formación Modular y las especialidades formativas dirigidas a la obtención de certificados de profesionalidad se incluyen en el Fichero de Especialidades del Servicio Público de Empleo Estatal para su gestión en todo el territorio nacional por cualquier Administración competente.

Las especialidades complementarias, pertenecen todas a la Familia profesional de Formación Complementaria (FCO) y tienen la consideración de formación transversal en áreas que se consideran prioritarias tanto en el marco de la Estrategia Europea para el Empleo y del Sistema Nacional de Empleo como en las directrices establecidas por la Unión Europea. Se consideran áreas prioritarias las relativas a tecnologías de la información y la comunicación, la prevención de riesgos laborales, la sensibilización en medio ambiente, la promoción de la igualdad, la orientación profesional y aquellas otras que se establezcan por la Administración competente.

Las especialidades de Certificado de profesionalidad tienen una duración especificada en su normativa reguladora.

En el resultado de la búsqueda, se muestran las unidades de competencia, todos los módulos formativos con su duración y las unidades formativas del certificado correspondiente, con su duración. Las horas del certificado, exclusivo de las especialidades de certificado de profesionalidad, con alta igual o superior a 2008, son las horas totales más las horas del módulo de Prácticas Profesionales no Laborales.

➲ **Si la especialidad tiene unidades formativas,** las horas totales, presencial, distancia, teleformación serán igual a la suma de esas horas de las unidades formativas de los distintos módulos, sin que se repita ninguna Unidad formativa.

➲ **Si la especialidad no tiene unidades formativas,** las horas totales, presencial, distancia, teleformación serán igual a las sumas de esas horas de los módulos formativos, eliminando las horas de los módulos repetidos.

https://sede.sepe.gob.es/especialidadesformativas/RXBuscadorEFRED/BusquedaEspecialidades.do

(Fuente: Servicio Público de Empleo Estatal)

Índice

Unidad de aprendizaje 1
El grupo de trabajo en el almacén

1. Introducción   11
2. Equipo de trabajo y trabajo en equipo en el almacén   12
3. Aplicación del concepto de trabajo en equipo   17
4. La calidad en el almacén   21
5. Resumen   24
   Ejercicios de autoevaluación   25

Unidad de aprendizaje 2
Descubriendo el almacén

1. Introducción   29
2. El almacén   29
3. Tipos de almacenes   33
4. Resumen   39
   Ejercicios de autoevaluación   41

Unidad de aprendizaje 3
Básicos gestión de almacén

1. Introducción   47
2. Principios almacén   48
3. Funciones de almacén   49
4. Áreas del almacén: recepción, almacenamiento y entrega   65
5. Resumen   67
   Ejercicios de autoevaluación   69

Unidad de aprendizaje 4
Vida del almacén

1. Introducción   75
2. Equipos de almacenamiento   76
3. Unidades de manipulación   83

4. Protección física de la mercancía   89
5. Movimientos de carga y mercancías   91
6. Resumen   93
     Ejercicios de autoevaluación   95

Unidad de aprendizaje 5
Prevención de riesgos laborales

1. Introducción   101
2. Riesgos y accidentes habituales   102
3. Condiciones del entorno   105
4. Señalización   107
5. Resumen   111
     Ejercicios de autoevaluación   113

Glosario   117

Bibliografía   121

OBJETIVOS GENERALES

Los objetivos generales del **COML008PO. Gestión básica del almacén,** son los siguientes:

- ➲ Conocer el valor del trabajo en equipo como herramienta para alcanzar los objetivos establecidos.
- ➲ Conocer la función del almacén en la cadena logística.
- ➲ Definir los principios que rigen el funcionamiento del almacén.
- ➲ Conocer los sistemas de almacenamiento existentes.
- ➲ Describir los riesgos derivados de la actividad del almacén.
- ➲ Examinar los daños derivados de los riesgos.
- ➲ Identificar los diferentes tipos de señalización.

El grupo de trabajo en el almacén

Contenido

1. Introducción
2. Equipo de trabajo y trabajo en equipo en el almacén
3. Aplicación del concepto de trabajo en equipo
4. La calidad en el almacén
5. Resumen

Objetivos

El objetivo general de esta Unidad de Aprendizaje es:

→ Conocer el valor del trabajo en equipo como herramienta para alcanzar los objetivos establecidos.

Los objetivos específicos de esta Unidad de Aprendizaje son:

→ Emplear el trabajo en equipo como instrumento para generar una ventaja competitiva.

→ Conocer el concepto calidad en los procesos como resultado del trabajo colectivo.

→ Identificar el tipo de equipo de trabajo de un almacén.

1. Introducción

En la actualidad de cualquier compañía, sea cual sea su sector de actuación, el personal existente en todas ellas es uno de los factores disponibles para poder ofrecer productos o servicios de mejor calidad o con mejores condiciones que el resto de las empresas que constituyen la competencia. Es por este motivo por el que el capital humano adquiere un importantísimo valor dentro de la estructura organizacional de toda empresa.

Así pues, cualquier organización dentro del contexto logístico necesita recursos humanos para llevar a cabo todas las actividades necesarias, desde la planificación de sus procesos y el establecimiento de los diferentes objetivos que se quieran alcanzar hasta el uso y manejo de los diferentes equipamientos o programas informáticos.

Partiendo de la base de que el objetivo principal de un almacén es lograr la satisfacción de sus clientes, será imprescindible que el personal responsable de realizar las diferentes operaciones se encuentre cualificado y reúna las capacidades necesarias para alcanzar el éxito en dichas operaciones. Este es el motivo fundamental por el que la gestión del equipo humano del almacén constituye uno de los aspectos al que las empresas dirigen un alto porcentaje de sus recursos.

En este contexto, los responsables de los almacenes están optando cada vez más por la creación de grupos o equipos de trabajo como el medio óptimo para lograr el mejor resultado en las tareas que deben llevarse a cabo. Esta es una herramienta que mejora la productividad y el rendimiento de la empresa, pero que no siempre resulta la mejor opción, pues también puede generar una serie de inconvenientes, que analizaremos a lo largo de esta unidad.

Para profundizar en todos estos aspectos, nos basaremos en el caso de Alejandro, un responsable de almacén que ha optado por organizar el trabajo a través de la formación de distintos equipos para su ejecución.

2. Equipo de trabajo y trabajo en equipo en el almacén

☞ HILO CONDUCTOR

Ante la variedad de tareas que deben ejecutarse en almacén, Alejandro debe valorar llevar a cabo la realización de estas mediante la creación de equipos de trabajo o realizarlas de manera individual. Para ello deberá tener en cuenta la capacitación y cualificación del personal y el grado de especialización necesario para desarrollarlas correctamente.

Desde un punto de vista empresarial, debemos entender que el **almacén** es una empresa o una parte de esta, y que, al igual que el resto, su objetivo fundamental es la **satisfacción y fidelización de clientes,** generando el **mayor beneficio económico** posible e intentando minimizar sus costes en la medida de lo posible.

En el interior de un almacén, la operatividad y funcionamiento de este se basa en la existencia y empleo de los diferentes tipos de recursos, como son los financieros, materiales y humanos. Debido a la globalización y a los continuos cambios y avances presentes en el mercado, las empresas deben adaptarse con el fin de continuar siendo competitivas, por lo que los conocimientos y destrezas de sus trabajadores son los aspectos que mejor pueden adaptarse y modificarse en función de todos estos avances.

Por todo esto, la organización del personal humano del almacén en equipos de trabajo se ha convertido en un medio esencial a la hora de aumentar la productividad en todos los procesos que deben llevarse a cabo en el interior de un almacén. No obstante, para que este medio de trabajo sea eficiente, todos los integrantes de un equipo de trabajo deben asumir un alto nivel de responsabilidad y conocer a la perfección las funciones por realizar y las que deben ser desempeñadas por el resto de los miembros.

 **NOTA**

Las ventajas competitivas son aquellos aspectos o elementos de una empresa que le permiten ganar mercado a través de la diferenciación del resto de las empresas existentes.

El objetivo principal a la hora de desempeñar las tareas y actividades de un almacén en grupo es **establecer metas comunes y asumidas por todos los participantes** en un escenario donde la productividad aumente y no exista ningún tipo de conflictos interpersonales. Por ello, los normal es que los equipos de trabajo estén formados por **trabajadores cualificados** en la realización de distintas tareas, de modo que la consecución de estas de manera individual suponga el éxito colectivo.

Sin embargo, en este punto hemos de profundizar en dos conceptos muy empleados en la organización del equipo humano del almacén y que presentan una serie de diferencias. Estos son los siguientes:

- **Grupos de trabajo:** suponen la colaboración constante entre sus miembros con el objetivo de intercambiar información que ayude a cada uno a mejorar en la realización de sus actividades. No obstante, no existe el desarrollo de una tarea común, sino que el resultado final es la suma de cada una de las actuaciones individuales llevadas a cabo.
- **Equipo de trabajo:** es un método de trabajo basado en la coordinación de los miembros y de las tareas y donde debe existir una estructura y una comunicación conocida y aceptada por todos los participantes. Lo que se busca en esta modalidad de trabajo es la creación de distintas sinergias, de modo que el resultado colectivo es mayor que la suma de las aportaciones de cada miembro, ya que existe el establecimiento de unos objetivos y tareas comunes.

 **DEFINICIÓN**

Sinergia
Acción de dos o más causas cuyo efecto es superior a la suma de los efectos individuales.

Por estos motivos, la mayoría de los responsables de los almacenes optan por **la creación de equipos de trabajo** para el desempeño de las diferentes tareas y procesos que deben llevarse a cabo. No obstante, esto no quiere decir que sea el único método empleado, ya que existen numerosas actividades que exigen un alto nivel de especialización y donde la mejor opción es el grupo de trabajo. De esta manera, al igual que el trabajo en equipo aporta una serie de beneficios, también presenta inconvenientes que deben tenerse en cuenta a la hora de organizar el trabajo del almacén.

Ventajas	Inconvenientes
- Comunicación efectiva, al ser conocida y aceptada por todos. - El ambiente laboral es mejor debido a la existencia de relaciones interpersonales entre los miembros. - Mayor eficiencia en la realización de las actividades basada en la organización y coordinación del equipo. - Aumento de la responsabilidad de los integrantes del grupo. - Mejora de los resultados colectivos e individuales.	- Creación de subgrupos que puedan interferir en la consecución de los objetivos. - Los procesos o actividades pueden disminuir su velocidad debido al número de miembros. - Posibilidad de que algún miembro disminuya sus esfuerzos respaldándose en el trabajo de los demás. - Reducción de la eficacia si la estructura y organización grupal, así como los objetivos, no se plantean de manera clara y son aceptados por todos.

 SABÍAS QUE...

Empresas como Google o Inditex tienen un modelo organizativo basado en equipos de trabajo orientados a la capacidad de adaptación de sus trabajadores a los diferentes cambios.

En relación con todo esto, tenemos que saber que existen diferentes equipos de trabajo en función de diferentes criterios como la **temporalidad** o la **manera de constituirse,** como pueden ser:

- **Formales:** son equipos creados por responsables o trabajadores de niveles superiores de acuerdo con unos objetivos y tareas concretas.
- **Informales:** su creación surge de manera espontánea debido a fines como el intercambio de información, la toma de decisiones o propuestas de mejoras entre trabajadores.
- **Temporales:** estos equipos de trabajo existen hasta que se alcanza el objetivo marcado por la empresa; después de esto, dejan de existir.
- **Permanentes:** la formación de estos equipos responde a objetivos complejos o forman parte de la estructura organizativa de la empresa.
- **Autodirigidos:** equipos de trabajo donde la responsabilidad es mayor, llegando incluso a asumir tareas como la distribución de actividades por desarrollar.
- **Multidisciplinares:** los integrantes del equipo forman parte del mismo nivel de mando, pero en distintos departamentos, y su agrupación responde a la realización de una tarea determinada.
- **Solucionadores:** equipos de trabajo que carecen de autoridad, pero se forman con el objetivo de analizar cuestiones como el clima laboral o la calidad del trabajo.

El inventario de los productos es una de las tareas que suele llevarse a cabo mediante la creación de equipos de trabajo.

 PARA SABER MÁS

El siguiente proyecto trata de una investigación donde se establecen los criterios más eficaces para la creación de equipos de trabajo. Puedes conocer más sobre el mismo accediendo aquí:

Continúa en página siguiente >>

<< Viene de página anterior

https://redirectoronline.com/coml008po0101

 TAREA 1

En el siguiente almacén dedicado al sector textil, el responsable ha optado por la creación de equipos de trabajo para llevar a cabo diferentes tareas. A continuación, debes identificar a qué tipología corresponde cada uno de los equipos de trabajo que se presentan:

- El almacén recibe un pedido inesperado de un importante cliente al que debe darle la máxima prioridad posible. Para hacer frente a esta petición, el responsable del almacén decide organizar un equipo para dedicarse en exclusiva a esta labor hasta que el pedido sea entregado en su punto de destino.
- El almacén debe decidir si aceptar un pedido de una marca de ropa que solicita un importante volumen de productos. Para ello, debe valorar los costes asociados a dicho pedido, por lo que el responsable decide reunir a un equipo de trabajo formado por personal del Área de Compras, Ventas y Logística para proceder a la toma de decisión.
- Los operarios dedicados a la preparación de pedidos realizan la extracción de los productos de manera unitaria. Con el paso de los días, se dan cuenta de que pueden agrupar los pedidos y extraer los productos que se repitan en pedidos diferentes, por lo que empiezan a trabajar de esta manera para optimizar el proceso.

---

3. Aplicación del concepto de trabajo en equipo

👉 HILO CONDUCTOR

Como responsable del almacén, Alejandro debe planificar y organizar las tareas distribuyendo responsabilidades y estableciendo los objetivos. El mejor método que puede emplear es la realización de reuniones con los supervisores de cada zona para que, de esta manera, la información viaje jerárquicamente hasta los operarios.

De esta manera, podrá centrarse en el seguimiento y evaluación de la planificación realizada previamente a la ejecución de las tareas.

La clave para que un equipo de trabaje funcione de manera eficiente y logre alcanzar los objetivos establecidos es la **coordinación** de las actividades que deben ser ejecutadas y de los miembros que forman el equipo. Con la realización de equipos de trabajo pueden optimizarse numerosos procesos, como la toma de decisiones o la implantación de mejoras, ya que se trata de un intercambio de información y opiniones entre trabajadores que tienen una relación directa con los procesos de un almacén al ser los responsables de su ejecución.

No obstante, además de la mejora en la productividad y en el rendimiento de los trabajadores, este método de trabajo supone otra serie de **beneficios** para los almacenes, como son:

> Si el equipo funciona correctamente, el clima laboral será mejor para los trabajadores, lo que hará que aumenten sus responsabilidades y capacidades de cara a la tarea.

> La propia estructura del equipo reduce la necesidad de revisión continua por parte de un nivel jerárquico superior, ya que el propio equipo es responsable de su rendimiento, pues el éxito depende del desempeño colectivo.

> El hecho de pertenecer a un equipo de trabajo aumenta el sentido de pertenencia de los trabajadores, hecho que se traducirá en un aumento de la motivación y, por lo tanto, en la obtención de mejores resultados.

En este sentido, adquiere una vital importancia el papel desempeñado por el **coordinador del grupo,** el cual, en ocasiones desarrolla las funciones de líder. Esta figura es la responsable de aspectos como la selección de los miembros del equipo, tarea fundamental, ya que estos deben tener una capacitación y cualificación acorde al desempeño de las tareas que se van a realizar, planificar el plan de trabajo donde se determinen las actividades y su plazo de ejecución y facilitar la comunicación entre todos los miembros del equipo.

Por ello, el mejor medio del que disponen los coordinadores de los equipos para evaluar el funcionamiento del grupo son las **reuniones.** Estos encuentros entre los integrantes del equipo sirven para intercambiar información y proceder a la **toma de decisiones** sobre diferentes cuestiones, además de **fomentar y mejorar las relaciones** entre los miembros del equipo.

Así pues, en un almacén existen numerosos equipos de trabajo, ya que son varios los procesos que allí se realizan, desde la llegada de los productos, su almacenamiento, la preparación de los pedidos hasta su posterior expedición hacia el cliente final. Por este motivo, el personal del almacén asume diferentes responsabilidades en función del proceso en el que ubique su área de trabajo y el nivel que ocupen dentro de la estructura organizacional.

En cuanto a los **puestos** existentes dentro de un almacén, dependerá en gran parte del tamaño y el volumen de actividad que exista. No obstante, es necesario que exista una distribución de las tareas de las funciones perfectamente definidas. Por esto, a continuación, puedes conocer los puestos de trabajo y sus funciones correspondientes que suelen existir en todos los almacenes:

⮌ **Jefe de almacén**

- Planificación y control de las actividades del almacén.
- Controlar los niveles de existencias almacenadas.
- Determinar los parámetros de calidad.
- Organización de equipos de trabajo y sus funciones.
- Seguimiento y control de todo lo que ocurre en el interior del almacén.

⮌ **Encargado de recepción**

- Revisión de mercancías y documentación correspondiente.
- Registro de productos para su almacenamiento.
- Recepción del transporte en la zona de descarga.
- Control y gestión de posibles devoluciones.

⊃ Encargado de expedición

- Verificar calidad y cantidad de los pedidos.
- Cotejar la documentación que debe acompañar a los pedidos.
- Planificar la actividad correspondiente a la zona de carga y transporte de pedidos.

⊃ Operario de pedidos

- Conformación de pedidos según las órdenes recibidas.
- Acondicionamiento de las mercancías.
- Codificación de los pedidos y su documentación.

Los operarios de pedidos son los encargados de la extracción de los productos de los lugares de almacenaje.

⊃ Supervisor de *stocks*

- Comprobar el número de existencias de los productos.
- Determinar ubicación y sistema de almacenaje de los productos.
- Empleo de programas de gestión para el control de existencias.
- Planificación de la zona de almacenamiento.

El supervisor de stock realiza sus tareas mediante el uso de dispositivos y programas informáticos.

 SABÍAS QUE...

La rotura de *stock* se produce cuando el almacén no dispone de los productos necesarios para hacer frente al pedido solicitado por un cliente

 APLICACIÓN PRÁCTICA

En el trabajo diario de un almacén, existen numerosas actividades que deben ser llevadas a cabo por diferentes operarios en función del puesto que ocupan. Luis es un trabajador que se ocupa de labores como el control de las fechas de caducidad de los productos, decidir las estanterías que mejor se adaptan al tipo de producto o asegurarse de que no se produzcan roturas de *stock*. ¿Qué puesto ocupa Luis en el almacén?

Solución

Luis ocupa el puesto de supervisor de *stock*.

Si recordamos, las funciones del supervisor de *stock* son:

• Comprobar el número de existencias de los productos.

Continúa en página siguiente >>

<< Viene de página anterior

- Determinar ubicación y sistema de almacenaje de los productos.
- Empleo de programas de gestión para el control de existencias.
- Planificación de la zona de almacenamiento.

4. La calidad en el almacén

☞ **HILO CONDUCTOR**

Ante el alto grado de exigencias de los clientes, Alejandro debe fijar unos parámetros de calidad en los procesos del almacén para garantizar que los productos cumplen las expectativas de estos. Por ello, deberá involucrar a todo el personal explicándoles que la calidad debe estar presente en todas las tareas que deban realizar.

A lo largo de esta unidad hemos mencionado en varias ocasiones que el contexto logístico es un escenario marcado por la llegada de las nuevas tecnologías y la existencia de una gran competencia. Por este motivo, los almacenes deben diseñar estrategias orientadas a la consecución de un alto grado de calidad tanto en los servicios como en los productos que sirva para satisfacer y cumplir con los requisitos de los clientes al menor coste posible.

Con el paso del tiempo, se pretendió estandarizar el concepto de calidad de manera que todos los productos existentes en un almacén presentasen el mismo grado de calidad mediante la ejecución de una serie de **procesos comunes** a todas las mercancías.

En la actualidad, las empresas no solo buscan cumplir con las exigencias de sus clientes, sino que también buscan superar sus expectativas con el fin de generar una ventaja competitiva que les permita fidelizar el mayor número de clientes, lo que se denomina **calidad total.** Este concepto se basa en una constante evolución y mejora continua de todos los procesos y actividades que se ejecutan a lo largo de la **cadena de suministro,** es decir, asegurar que la calidad esté presente desde la creación del producto hasta que llega a manos del cliente final.

 **DEFINICIÓN**

Cadena de suministro

Conjunto de actividades que se realizan desde la obtención de materias primas para la fabricación de un producto hasta la distribución de este al punto de venta o cliente final.

- -

Así pues, las empresas logísticas y sus almacenes están poco a poco integrando el concepto de calidad total en su cultura organizativa como herramienta clave para generar una ventaja competitiva. Se trata de una estrategia que debe abarcar a todo el personal del almacén, ya que debe estar presente en todos los procesos.

4.1. Calidad total

Es un **modelo basado en la mejora continua** de los procesos, ya que entiende que las exigencias de los clientes pueden variar, por lo que el almacén debe estar preparado para adaptarse a los cambios y seguir ofreciendo el mismo grado de calidad. En este punto existen dos aspectos clave para poner en marcha este modelo de trabajo basado en la calidad.

Por un lado, debe existir una relación muy directa y cercana con los proveedores, ya que el almacén debe asegurarse de que los suministros que reciben cumplen con los parámetros de calidad establecidos, y deben emplearse indicadores o herramientas de control que marquen la evolución de los objetivos propuestos.

Por este motivo, podemos enumerar los siguientes **principios básicos** relativos a la calidad total:

1. La calidad es una ventaja competitiva.

2. Es el cliente quien determina la calidad mediante sus exigencias.

Continúa en página siguiente >>

<< Viene de página anterior

3. La calidad debe estar presente en todos los niveles de la empresa.

4. La calidad final es el resultado de la calidad de los procesos.

5. La calidad debe estar presente en la relación con proveedores y clientes.

6. La mejora continua es la premisa fundamental.

7. El trabajo en equipo es fundamental para alcanzar la calidad total.

IMPORTANTE

La calidad en los almacenes es un aspecto dirigido al cliente que intenta cumplir una serie de factores para cumplir sus expectativas, como son:

- Plazo de entrega
- Disponibilidad del producto
- Condiciones de pago beneficiosas
- Perfección en las entregas
- Servicio posventa

ACTIVIDAD COMPLEMENTARIA

1. Valora la importancia que puede tener la calidad en el desarrollo de las tareas dentro del almacén y en el posterior servicio de atención al cliente. ¿Cuáles son los problemas que pueden derivarse si el concepto de calidad no está presente en almacén?

5. Resumen

La llegada de nuevas prácticas de trabajo y de nuevas tecnologías ha impulsado a las empresas a reformular su estrategia organizativa con el fin de adaptarse al nuevo panorama laboral, marcado por la presencia de numerosas empresas que representan un alto nivel de competencia.

En este sentido, las empresas encuadradas dentro del sector logístico han dirigido sus esfuerzos a aumentar su rentabilidad y productividad a través del uso de dos herramientas fundamentales:

El trabajo en equipo

La calidad en los productos y servicios ofrecidos

En el primero de los casos, cada vez más los almacenes están enfocados a la consecución de sus objetivos mediante la organización de sus actividades en equipos de trabajo. Se trata de que los resultados obtenidos sean la suma de la consecución de distintas tareas llevadas a cabo bajo la responsabilidad de los miembros de estos equipos. Por ello, factores como la coordinación y la comunicación resultan claves a la hora de planificar procesos y obtener unos resultados que conduzcan al éxito empresarial.

En cuanto a la calidad, se trata de uno de los aspectos que genera una mayor ventaja competitiva para las empresas, tanto a nivel de producto como de servicio. Por ello, en los almacenes se está instaurando un modelo de calidad total donde esta se encuentre presente en todos los procesos realizados, de modo que se garantice que el cliente va a recibir un producto que cumpla con todos sus requisitos y exigencias.

Ejercicios de autoevaluación
Unidad de Aprendizaje 1

1. Indica cuál de los siguientes factores no se encuadra dentro de la política de gestión del personal:

    a. Fomentar el trabajo en equipo
    b. Calidad de servicio
    c. Productividad de los trabajadores
    d. Formación y aprendizaje

2. Los equipos de trabajo:

    a. No desarrollan una tarea común.
    b. Priorizan las actividades individuales.
    c. No tienen una estructura conocida por todos los miembros.
    d. Buscan la creación de sinergias.

3. Son los equipos de trabajo quienes pueden llegar a asumir tareas como la organización de las actividades:

    a. Permanentes
    b. Autodirigidos
    c. Solucionadores
    d. Formales

4. Se trata de la fase en la que el coordinador debe establecer los procesos y la temporalización de las tareas que realizar por el equipo de trabajo:

    a. Planificación
    b. Organización
    c. Ejecución
    d. Evaluación

5. El nivel directivo...

    a. ... coordina el trabajo.
    b. ... ejecuta las tareas.

c. ... supervisa las actividades.

d. ... planifica y establece actividades y objetivos.

6. Indica si la siguiente afirmación es verdadera o falsa. "La creación de equipos de trabajo aumenta la responsabilidad de los integrantes del grupo".

- ■ Verdadero
- ■ Falso

7. El operario de pedidos se encarga de...

a. ... controlar y gestionar las devoluciones.

b. ... verificar la calidad y cantidad de los pedidos.

c. ... comprobar el número de existencias.

d. ... acondicionar las mercancías.

8. Señala cuál es un principio de la calidad total:

a. El servicio posventa

b. La disponibilidad de producto

c. La mejora continua

d. Las condiciones de pago favorables

9. Indica si la siguiente afirmación es verdadera o falsa. "La calidad en los almacenes es un aspecto dirigido al cliente que intenta cumplir factores como el plazo de entrega".

- ■ Verdadero
- ■ Falso

10. Ordena adecuadamente los niveles de mando de forma jerárquica:

a. Táctico - Operativo - Directivo

b. Operativo - Táctico - Directivo

c. Directivo - Táctico - Operativo

d. Directivo - Operativo - Táctico

Descubriendo el almacén

Contenido

1. Introducción
2. El almacén
3. Tipos de almacenes
4. Resumen

Objetivos

El objetivo general de esta Unidad de Aprendizaje es:

→ Conocer la función del almacén en la cadena logística.

Los objetivos específicos de esta Unidad de Aprendizaje son:

→ Diferenciar los principales tipos de almacén existentes.

→ Conocer la organización de la estructura de un almacén.

1. Introducción

Puesto que el objetivo principal de cualquier empresa logística es alcanzar un alto grado de satisfacción de sus clientes, el almacén se ha convertido en el principal actor dentro de la cadena de suministro, puesto que es el lugar donde se desarrollan las principales tareas para que los productos puedan llegar a su punto de destino en tiempo y forma.

Gestionar de manera eficiente un almacén resulta un elemento clave en el contexto logístico, pues de su óptimo funcionamiento y organización se derivarán beneficios como la mejora de la productividad y un mejor servicio al cliente y, por lo tanto, un aumento de la rentabilidad y de la competitividad de la empresa.

Por otro lado, hoy en día existen diferentes tipos de almacenes como respuesta a la gran variedad de empresas existentes y las diferentes necesidades que estas tienen a la hora de gestionar y distribuir sus productos.

Por todo esto, debemos entender que el almacén no solo supone un lugar donde guardar productos, sino que es el centro neurálgico de la cadena de suministro, donde tienen lugar diferentes actividades que hacen posible cumplir con la demanda de los clientes.

En conclusión, para conocer la importancia de los almacenes, podemos pensar en cómo los productos que podemos adquirir a diario han llegado hasta su punto de venta, ya que han tenido que pasar por una serie de etapas en el interior de los almacenes sin las cuales las empresas no podrían situar sus productos en el mercado.

Siguiendo el caso de nuestro jefe de almacén, Alejandro, este debe conocer a la perfección los procesos realizados en su almacén para así poder planificar todas las actividades con el fin de conseguir un alto nivel de productividad.

2. El almacén

 **HILO CONDUCTOR**

Alejandro, jefe del almacén, debe conocer la demanda existente de los clientes y la tipología de los productos que se almacenan para considerar

Continúa en página siguiente >>

<< Viene de página anterior

cómo estructurar y organizar el almacén, es decir, qué tareas deben llevarse a cabo para conseguir un flujo de mercancías eficiente y lograr cumplir las expectativas de los clientes.

Podemos definir el **almacén** como el espacio del que disponen las empresas para la conservación de sus materiales o productos con el fin de manipularlos correctamente y distribuirlos cuando sean demandados.

En este punto, hacemos referencia a materiales o productos, ya que, dependiendo del tipo de empresa, los almacenes estarán destinados al almacenamiento de materias primas o los denominados *productos terminados*. Es por ello que debemos diferenciar entre los siguientes tipos de empresas:

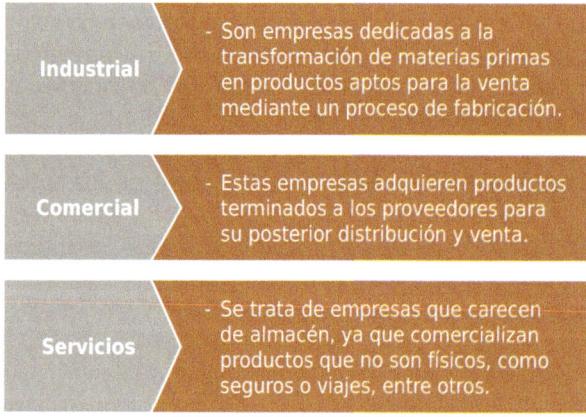

Industrial - Son empresas dedicadas a la transformación de materias primas en productos aptos para la venta mediante un proceso de fabricación.

Comercial - Estas empresas adquieren productos terminados a los proveedores para su posterior distribución y venta.

Servicios - Se trata de empresas que carecen de almacén, ya que comercializan productos que no son físicos, como seguros o viajes, entre otros.

 **IMPORTANTE**

Los productos terminados son el resultado de un proceso de fabricación a partir de materias primas y que se consideran aptos para la venta.

Por otro lado, existen una serie de factores de gran importancia que obliga a las empresas a disponer de almacenes para gestionar eficientemente su

flujo de mercancías y las distintas operaciones que deben realizarse para poder distribuir los productos a los clientes finales:

- ⮡ Conseguir un equilibrio entre la oferta y la demanda de los productos con el objetivo de satisfacer a los clientes y evitar roturas de *stock*.
- ⮡ Aumentar la calidad de los servicios prestados a los clientes mejorando procesos como la preparación de los pedidos o su acondicionamiento final.
- ⮡ Gestionar eficientemente un almacén evitará a la empresa costes innecesarios u otros derivados de tareas que no aportan valor al producto ni al servicio prestado.
- ⮡ El empleo de un almacén aportará a la empresa un mayor control sobre el número y estado de los productos, especialmente si este control se lleva a cabo con programas o *softwares* de gestión.

 **DEFINICIÓN**

Flujo de mercancías
Este concepto hace referencia a todo movimiento y traslado de mercancías existente en el almacén, como son la recepción, el almacenamiento, la extracción y preparación y, finalmente, la expedición.

Para que los almacenes puedan lograr la eficacia mencionada en la gestión y organización de sus operaciones y productos, deben basarse en dos principios fundamentales:

Aprovechamiento del espacio y volumen disponible
- El almacenamiento de los productos debe realizarse procurando ocupar el máximo posible del área destinada a esta tarea, siempre que exista una demanda y no incurrir en costes de sobrealmacenaje.

Reducir los costes al máximo
- La organización del almacén y sus actividades debe planificarse de manera que todas las operaciones se realicen de manera correcta en tiempo y calidad, pero sin asumir costes innecesarios para su ejecución.

El área destinada al almacenaje y conservación de productos debe ser aprovechada al máximo de su capacidad disponible.

 SABÍAS QUE...

La importancia de la gestión de un almacén radica en que este suele representar el 30 % del coste del total de un producto, mientras que el resto de las operaciones pueden suponer el 90 % de tiempo dedicado a producirlo o comercializarlo.

En este sentido, es preciso que los almacenes y sus responsables presten especial atención a la **cantidad** de productos que son almacenados en su interior. Esto se debe a que cualquier producto que se encuentre en el área de almacenamiento está generando un coste a la empresa, por lo que es necesario elegir si almacenar *stock* en grandes cantidades o, por el contrario, el suficiente para hacer frente a la demanda prevista.

Este es uno de los puntos clave del almacén y que puede suponer un ahorro o un despilfarro para la empresa. Por ello, es **necesario identificar el tipo de producto y sus características,** pues no es lo mismo almacenar un producto que presente una caducidad que otro que tenga una vida útil más larga.

No obstante, también hay que tener en cuenta las ventajas económicas que encuentran las empresas cuando realizan compras de productos de un alto volumen de existencias, lo cual supone un ahorro en el momento de adquirirlos, pero un coste en el momento de almacenarlos.

Por estas y otras razones, **gestionar eficazmente el almacén** es una herramienta esencial para las empresas a la hora de mantener un alto nivel de servicio sin perjudicar a su rentabilidad, con el objetivo final de satisfacer a los clientes minimizando los tiempos de respuesta de sus operaciones y el coste de estas.

EJEMPLO

Un ejemplo de la necesidad que tienen las empresas de disponer de almacenes es el sector del automóvil.

Estos productos son fabricados mediante la transformación de diferentes componentes y piezas para obtener como resultado final el vehículo que será comercializado.

Por lo tanto, es imprescindible que estas empresas dispongan del espacio de almacenamiento necesario para ambos tipos de productos, tanto para los distintos componentes empleados en la fabricación como para el producto terminado que serán los diferentes vehículos.

ACTIVIDAD COMPLEMENTARIA

2. Valora la importancia que tiene para los almacenes el hecho de acumular una gran cantidad de *stock* o, por el contrario, si es preferible reducir este a valores mínimos suficientes para hacer frente a la posible demanda prevista. ¿Cuáles son los problemas y beneficios de ambos modelos de gestión? ¿Cuál es el más eficiente desde un punto de vista logístico?

---

3. Tipos de almacenes

HILO CONDUCTOR

En función de una gran variedad de factores existentes y que servirán para decidir la funcionalidad del almacén, Alejandro debe conocer perfectamente la tipología de almacén que dirige y su funcionamiento, tanto desde un punto de vista estructural como geográfico u operativo.

Continúa en página siguiente >>

<< Viene de página anterior

De esta manera, podrá planificar el tipo de operaciones que debe llevar a cabo y alcanzar el objetivo por el que se ha seleccionado establecer un tipo de almacén u otro.

En el interior de los almacenes se ejecutan diversas tareas relacionadas con los productos con el objetivo de que estos lleguen a los clientes en las mejores condiciones posibles para así cumplir con sus expectativas.

No obstante, la función principal que ejerce un almacén es **servir de lugar adecuado para el mantenimiento y manipulación de los diferentes productos,** es decir, ser el área idónea para proceder al almacenamiento de mercancías bajo unas condiciones óptimas de conservación.

Así pues, la actividad de almacenaje se puede llevar a cabo en diferentes condiciones en función de una serie de criterios, e incluso realizarse en más de un almacén si la estructura de la empresa así lo requiere. Por esto, los principales criterios a la hora de clasificar los almacenes son:

- **Actividad empresarial:** hace referencia a la fabricación de productos o a la comercialización directa de estos.
- **Grado de protección:** se refiere a la estructura externa del almacén para hacer frente a los posibles agentes atmosféricos.
- **Nivel de automatización:** se refiere a la mecanización presente en el almacén a la hora de ejecutar los distintos procesos.
- **Función logística:** se trata del modelo de distribución empleado y la ubicación geográfica de los almacenes.
- **Régimen jurídico:** hace referencia al tipo de posesión del almacén por parte del propietario o la empresa que lo adquiere.

Por todo ello, podemos establecer la siguiente **clasificación** a la hora de diferenciar el tipo de almacén en función de los criterios citados anteriormente:

- **Según la actividad de la empresa**

    - **Materia prima:** almacenan todos los materiales necesarios para la fabricación de los productos que van a ser comercializados y distribuidos.
    - **Productos en curso:** estos almacenes conservan productos que necesitan algún proceso de transformación para conformar el producto final, ya que por sí solos no suponen un producto terminado.

- **Productos terminados:** son los almacenes que albergan productos que ya están listos para ser comercializados en el mercado y distribuidos a los clientes finales.
- **Productos a granel:** estos almacenes disponen de sistemas de almacenajes concretos para mercancía que es conservada sin ningún tipo de envase o embalaje.

El empleo de silos es el sistema de almacenaje más empleado cuando la mercancía no presenta ningún envase o embalaje.

- **Productos auxiliares:** más que un almacén, suele ser un área de este destinada al almacenaje de materiales empleados para el envase y embalaje de productos y pedidos.

➲ Según la función logística

- **Central:** se trata de almacenes que incluyen el proceso de fabricación o están situados próximos a este con el fin de suministrar productos a otros almacenes, ya que son los que centralizan la mayor parte del *stock.*
- **Regional:** estos almacenes están ubicados estratégicamente en áreas geográficas donde la demanda de los productos, que reciben del almacén central, es elevada.
- **De tránsito:** son almacenes que carecen de sistemas de almacenaje, ya que solo realizan operaciones basadas en la técnica conocida como *cross-docking.*
- **De consolidación:** se trata de almacenes que trabajan mediante la agrupación de pedidos que comparten ruta de distribución o una determinada área geográfica con el objetivo de reducir los costes de transporte.

⮂ **Según el nivel de automatización**

- ⟁ **Convencionales:** son almacenes en los que las operaciones y los sistemas de almacenaje empleados carecen de sistemas automáticos.
- ⟁ **Móviles:** en estos almacenes los sistemas de almacenaje están depositados sobre raíles de manera que favorecen su compactación o separación para optimizar al máximo el espacio del almacén.
- ⟁ **Automáticos:** se trata de almacenes en los que todos los procesos y equipos empleados para la manipulación de los productos se encuentran automatizados, por lo que resulta imprescindible la presencia de *softwares* de gestión.
- ⟁ **Autoportantes:** se trata de la mejor opción para aprovechar al máximo el espacio, ya que son almacenes cuya estructura está formada por estanterías.

⮂ **Según el régimen jurídico**

- ⟁ **En propiedad:** los almacenes son el resultado de una operación de compraventa en la que la persona o empresa adquiere las instalaciones en propiedad. Esta modalidad es aconsejable cuando se prevé que la actividad va a ser de larga duración.
- ⟁ **En alquiler:** se trata de un arrendamiento temporal del almacén cuando la capacidad de almacenamiento no es suficiente debido a temporadas concretas o a un incremento elevado de la demanda.
- ⟁ **En *leasing*:** esta opción es similar al alquiler, pero la empresa tiene la opción de adquirir el almacén en propiedad a la finalización del contrato de arrendamiento.

⮂ **Según el grado de protección**

- ⟁ **Cubiertos:** son almacenes que están totalmente cubiertos y presentan una estructura desde un punto de vista constructivo, y donde las condiciones de conservación, como la temperatura o la humedad, pueden regularse en función del tipo de producto almacenado.
- ⟁ **A cielo abierto:** son espacios destinados al almacenamiento de productos que no son dañados por las diferentes condiciones climatológicas, ya que son almacenes que carecen de una estructura física.

Los vehículos y los materiales de construcción son productos que normalmente son almacenados a cielo descubierto.

 **VÍDEO**

Puedes visualizar un vídeo donde podrás observar el funcionamiento de un almacén de la empresa DAFSA en Castellón, el cual podemos clasificar como autoportante y automatizado; accediendo aquí:

https://redirectoronline.com/coml008po0201

 **APLICACIÓN PRÁCTICA**

La empresa Materiales Hernández es una compañía dedicada a la elaboración de muebles de oficina. Para ello, dispone de diferentes almacenes destinados a la conservación de diferentes materiales. Indica en qué tipos de almacenes deberá conservar los siguientes materiales:

- **Tablones de madera**
- **Escritorios de roble**

Continúa en página siguiente >>

<< Viene de página anterior

- **Palés y plástico flejador**
- **Aluminio sin tratar**

Solución

Los tablones de madera se conservarán en el almacén de productos en curso. Es el almacén destinado a mercancías que necesitan de un proceso de fabricación para conformar el producto final.

Los escritorios de roble se conservarán en el almacén de productos terminados. Es el almacén empleado para la conservación del producto apto para la distribución o venta.

Los palés y el plástico flejador se conservarán en el almacén de productos auxiliares. Los almacenes auxiliares almacenan todos los materiales que pueden ser empleados para el envase y embalaje de los productos terminados.

El aluminio sin tratar se conservará en el almacén de materias primas. En este caso, el aluminio, antes de ser incorporado al proceso de fabricación, constituye una materia prima necesaria para la producción.

 TAREA 2

La empresa Leche de Origen S. A. ha experimentado un gran crecimiento en el último semestre, por lo que se ha visto obligada a expandir su presencia en el mercado. De esta manera, su centro de producción y almacén central se encuentran situados en la ciudad de Vigo, pero con la expansión han ubicado dos almacenes regionales en Madrid y Sevilla. Por último, debido a la gran demanda de sus productos, han decidido colocar un almacén de tránsito en Murcia que recibe los pedidos de Sevilla, con el fin de optimizar el transporte a lo largo de la costa mediterránea.

¿Cuál sería la estructura de la red de almacenes de esta empresa?

---

4. Resumen

Dentro de la cadena de suministro, es decir, todas las operaciones que tienen lugar desde los proveedores hasta el cliente final, el almacén debe ser considerado como una de las piezas clave para lograr los objetivos establecidos y cumplir con las condiciones y expectativas de los clientes.

El almacén es el espacio donde se van a gestar todas las decisiones y ejecutar todas las operaciones que van a conducir al éxito o al fracaso de la empresa. Por ello, la organización de espacios y la estructuración de procesos es fundamental para lograr una eficiente gestión de este espacio.

Por todo esto, la gestión del almacén es una herramienta de la que dependerá un alto porcentaje de la satisfacción de los clientes, puesto que es el lugar donde los productos van a ser conservados y manipulados de forma que las condiciones de estos sean las esperadas.

Por otro lado, es muy importante conocer diferentes factores como las características y el tipo de producto almacenado o la actividad de la empresa, entre otros, para determinar el tipo de almacén que mejor se adecua a las condiciones internas de la empresa y externas del mercado.

En este sentido, la elección de un almacén u otro o el hecho de decidir disponer de más de un espacio de almacenamiento serán aspectos clave a la hora de aumentar la rentabilidad y beneficio de la empresa, así como reducir diferentes costes asociados al almacenaje y distribución.

Ejercicios de autoevaluación
Unidad de Aprendizaje 2

1. **Las empresas dedicadas a la venta de tarifas de consumo de electricidad se denominan:**

   a. Industriales
   b. Comerciales
   c. Distribuidoras
   d. Servicios

2. **Indica si la siguiente afirmación es verdadera o falsa. "Los productos en curso son aquellos que están disponibles para ser comercializados y distribuidos".**

   ■ Verdadero
   ■ Falso

3. **La gestión del almacén puede suponer un:**

   a. 10 % del coste total del producto
   b. 20 % del coste total del producto
   c. 30 % del coste total del producto
   d. 40 % del coste total del producto

4. **No es uno de los criterios establecidos a la hora de clasificar los almacenes:**

   a. Actividad empresarial
   b. Régimen jurídico
   c. Función logística
   d. Destino de los productos almacenados

5. **La función logística...**

   a. ... se refiere a la estructura externa del almacén para hacer frente a los posibles agentes atmosféricos.
   b. ... se refiere al modelo de distribución empleado y a la ubicación geográfica de los almacenes.

c. ... hace referencia a la fabricación de productos o a la comercialización directa de estos.

d. ... hace referencia al tipo de posesión del almacén por parte del propietario o la empresa que lo adquiere.

6. **Indica si la siguiente afirmación es verdadera o falsa. "La organización del almacén y sus actividades debe planificarse de manera que todas las operaciones se realicen de manera correcta en tiempo y calidad".**

   ■ Verdadero
   ■ Falso

7. **Los almacenes que incluyen el proceso de producción o se encuentran próximos a él son los almacenes...**

   a. ... regionales.
   b. ... centrales.
   c. ... de tránsito.
   d. ... autoportantes.

8. **¿En qué almacenes los sistemas de almacenaje están depositados sobre raíles de manera que favorecen su compactación o separación para optimizar al máximo el espacio?**

   a. Convencionales
   b. Móviles
   c. Automatizados
   d. Autoportantes

9. **Indica si la siguiente afirmación es verdadera o falsa. "El *cross-docking* es una técnica empleada en logística que consiste en la recepción de los pedidos para llevar a cabo su posterior distribución sin ser almacenados".**

   ■ Verdadero
   ■ Falso

10. Diversos materiales de construcción, debido a sus características de resistencia, suelen ser almacenados...

    a. ... en almacenes cubiertos.
    b. ... en almacenes automatizados.
    c. ... en almacenes convencionales.
    d. ... en almacenes a cielo abierto.

Básicos gestión de almacén

Contenido

1. Introducción
2. Principios almacén
3. Funciones de almacén
4. Áreas del almacén: recepción, almacenamiento y entrega
5. Resumen

Objetivos

El objetivo general de esta Unidad de Aprendizaje es:

→ Definir los principios que rigen el funcionamiento del almacén.

Los objetivos específicos de esta Unidad de Aprendizaje son:

→ Profundizar en el proceso de recepción de mercancías.

→ Comparar los métodos de almacenamiento de productos.

→ Definir el proceso de expedición de materiales.

→ Identificar actividades y tareas del almacén.

1. Introducción

Cuando hablamos de la gestión del almacén estamos haciendo referencia a procesos como la entrada de los productos, su ubicación en función de diferentes criterios y factores y su final distribución, de manera que puedan ejecutar correctamente su actividad y así cumplir con las especificaciones requeridas por los clientes.

Por este motivo, los trabajadores y responsables de un almacén deben conocer las características y peculiaridades de los distintos productos que acceden al interior de este para seleccionar los métodos más adecuados para su tratamiento y conservación, ya que es una de las maneras en que puede garantizarse un alto nivel de calidad en los productos que será percibido por los clientes.

Es por ello por lo que labores como la recepción, el almacenamiento o la expedición son procesos clave en el funcionamiento de un almacén y que tienen un gran peso para las empresas a la hora de conseguir el éxito o fracaso en un mercado tan competitivo.

Por lo tanto, la gestión eficiente del almacén va a repercutir notablemente en la optimización de todos los procesos ejecutados y en la consecución de los objetivos marcados por la empresa. En este sentido, la correcta planificación y organización de espacios y tareas del almacén facilitará la realización de actividades como la ejecución de inventarios o el control del *stock* existente con el fin de alcanzar un alto nivel de servicio ofrecido al cliente y disminuir los posibles errores que puedan aparecer a lo largo de la cadena de suministro.

Así, el almacén es la principal herramienta de la que disponen las empresas logísticas para ofrecer un alto nivel de calidad tanto en sus productos como en el servicio, con el fin único existente que no es otro que aumentar la productividad y rentabilidad y, así, lograr cumplir las expectativas de los clientes finales.

En este contexto, Alejandro debe conocer el flujo de materiales existentes en su almacén con el objetivo de planificar correctamente tareas tan importantes como son la recepción, el almacenamiento o el despacho de los productos o pedidos.

2. Principios almacén

☞ **HILO CONDUCTOR**

Como responsable del almacén, Alejandro debe realizar una planificación exhaustiva de las diferentes operaciones que deben ejecutarse con el fin de sacar el máximo rendimiento a todos los recursos disponibles, aumentar la rentabilidad y minimizar todos los costes en la medida de lo posible.

El funcionamiento de cualquier almacén debe regirse por una serie de principios que serán de ayuda a la hora de conseguir los diferentes objetivos planteados por la empresa, tanto a largo como a medio o corto plazo.

Desde un punto de vista general, las empresas buscan cumplir uno de los siguientes principios para optimizar su rendimiento:

> **Reducir el número de existencias y costes**
> - Esta política de almacenamiento ayudará a mejorar la eficiencia del almacén y minimizar costes derivados del almacenaje, manipulación y conservación de los productos.

> **Aumentar el número de existencias para cumplir con los pedidos demandados**
> - Bajo este principio, los almacenes aseguran la **no aparición de roturas de *stock*** y cumplir siempre con la demanda de sus clientes. No obstante, se puede incurrir en costes innecesarios derivados del alto volumen de productos presentes en el almacén.

Por otro lado, el funcionamiento de los almacenes necesita basarse en una serie de aspectos para poder poner en marcha cualquiera de los principios mencionados anteriormente. Se trata de diferentes cuestiones que optimizarán todos los recursos empleados y los procesos que deban llevarse a cabo y, por lo tanto, supondrán un aumento del rendimiento del almacén y de su productividad. Estos **principios básicos** son los siguientes:

⊃ **Minimizar espacio, manipulaciones y riesgos:** se trata de buscar el aprovechamiento máximo del espacio de almacenaje con el fin de reducir las manipulaciones mediante la óptima ubicación de los productos y, por tanto, minimizar los riesgos derivados de las operaciones que conlleva el tratamiento de mercancías.

- **Equilibrio:** este principio hace referencia al hecho de evitar sobrealmacenamiento de productos o tener un *stock* mínimo. Para ello, el almacén debe presentar un nivel de existencias con el cual sea capaz de satisfacer la demanda de sus clientes.
- **Flexibilidad:** especialmente en el tratamiento de diferentes productos, los almacenes deben estar preparados para los cambios producidos en estos debidos a las modas o tendencias del mercado desde el punto de vista estructural del almacenamiento y la manipulación.
- **Coordinación:** el almacén no puede funcionar como un actor independiente, ya que forma parte de una cadena de suministro, por lo que deberá estar en contacto con el resto de los departamentos para conseguir un funcionamiento eficiente.
- **Reducir costes de gestión:** todas las operaciones ejecutadas en el almacén conllevan una gestión tanto documental como de planificación que supone unos determinados gastos. Estos pueden reducirse mediante una organización eficiente de tareas y responsabilidades.
- **Optimización:** optimizar recursos, espacios, equipos o procesos es una herramienta para que los almacenes puedan aumentar su productividad y ser más competitivos.

IMPORTANTE

Los principios en los que debe basarse el funcionamiento de un almacén son directrices o recomendaciones que ayudarán a este a sacar el máximo partido a todos los recursos existentes, tanto materiales como humanos, y que facilitarán que el almacén consiga un flujo de mercancía lo más eficiente posible, aspecto que influirá notablemente en el grado de satisfacción de los clientes.

----

3. Funciones de almacén

 ## HILO CONDUCTOR

Existen diferentes tipos de almacenes debido a su función productiva o comercial, o dependiendo de las actividades que en ellos se desempeñen. Por este motivo,

Continúa en página siguiente >>

<< Viene de página anterior

Alejandro debe identificar la función que desarrolla su almacén y determinar las operaciones y tareas que allí se deben llevar a cabo.

Por ejemplo, la planificación que lleve a cabo de las tareas y funciones no será la misma en un almacén regional que en uno de tránsito.

- -

A la hora de establecer las funciones del almacén, estas pueden establecerse desde dos puntos de vista diferentes. Por un lado, podemos referirnos al papel que desempeña el almacén dentro de la cadena de suministro, siendo un elemento más a la hora de la consecución de los objetivos planteados y una parte muy importante para lograr que la cadena funcione de la manera más eficiente posible.

Por otro lado, las funciones del almacén pueden hacer alusión a las distintas operaciones y tareas que se llevan a cabo en su interior y que van desde la recepción de los productos hasta su distribución final.

En cuanto a las funciones del almacén, como parte de la cadena de suministro, podemos destacar:

Buscar ajustar el nivel de *stock*
- Es muy importante que los almacenes intenten almacenar el *stock* mínimo necesario para cumplir las necesidades de sus clientes, pues, dentro de la cadena de suministro, este hecho afectará a otras áreas, como producción o aprovisionamiento.

Reducción de costes asociados
- Esta función hace referencia a la compra de un gran volumen de productos con el objetivo de acceder a un precio de compra con diferentes descuentos. Aunque se asuman gastos de almacenaje, este tipo de compras supone un ahorro en transporte, adquisición o manipulación de productos, entre otros.

Formar parte del proceso productivo
- El almacén debe servir como lugar de almacenaje para los tres tipos de materiales que pueden intervenir en un proceso de fabricación: las **materias primas, productos en curso** y **productos terminados.**

DEFINICIÓN

Stock mínimo de un almacén
Cantidad necesaria de productos para hacer frente a la demanda prevista en un periodo de tiempo. Por debajo de este nivel de existencias se produciría una rotura de *stock*.

- -

Si pensamos en las funciones del almacén como las diferentes fases por las que transcurre el flujo de mercancías en su interior, debemos hacer referencia a todas las tareas que deben ejecutarse desde el momento en que los productos son recepcionados hasta que son cargados en el medio de transporte que se encargará de su distribución.

De esta manera podemos diferenciar las siguientes funciones del almacén:

Recepción	- Es el proceso de verificación, comprobación y posterior entrada de los artículos enviados por los proveedores en el almacén.
Almacenaje	- Se trata de la ubicación de los productos en los sistemas de almacenaje adecuados.
Conservación y mantenimiento	- Hace referencia a las condiciones que deben existir para que los productos se mantengan en óptimas condiciones.
Control de existencias	- Esta tarea se basa en el almacenamiento de productos necesarios sin incurrir en sobrecostes derivados del almacenaje o gestión.
Expedición	- Una vez preparados los pedidos de los clientes, esta fase se centra en la comprobación de estos para su posterior distribución.

3.1. Recepción de materiales

El proceso de recepción tiene comienzo en el momento en que los productos llegan al almacén, provenientes de los distintos proveedores. Se trata de un proceso clave en el almacén, ya que es la primera fase por la que van a transcurrir los productos antes de ser introducidos en su interior.

Esta tarea se basa **en tres aspectos** clave que influirán en el grado de eficiencia del flujo de mercancía posterior a lo largo de las distintas operaciones que se lleven a cabo en el almacén. Por este motivo, podemos definir la recepción como la **verificación, clasificación y control de los productos** que, si se realiza correctamente, reducirá o eliminará la posible aparición de errores en las siguientes fases que serán ejecutadas.

 IMPORTANTE

Debemos entender que las operaciones del almacén suponen una cadena de tareas que comienzan en la recepción de productos y termina en la salida de estos, por lo que un error en cualquiera de las fases afectará al desarrollo de las operaciones posteriores.

Por normal general, la recepción de los productos suele llevarse a cabo siguiendo una serie de **pasos,** excepto en algunas mercancías que exigen un tratamiento especial debido a sus características. Estos pasos son los siguientes:

- ⮑ **Identificación del pedido:** antes de proceder a la descarga de la mercancía, es imprescindible comprobar que el pedido no es erróneo y está solicitado por el almacén.
- ⮑ **Documentación:** previamente a la descarga, deben comprobarse los diferentes documentos que deben acompañar al producto, como el albarán o la carta de porte.
- ⮑ **Descarga:** se trata de la extracción de los productos del medio de transporte mediante los equipos de manutención adecuados, como son la transpaleta o la carretilla elevadora.
- ⮑ **Ocultarificación de cantidad y calidad:** una vez que la mercancía se encuentra en la zona de recepción, se procede a la comprobación del estado de esta y al número de unidades recepcionadas para comprobar que se corresponde con lo solicitado.

⮩ **Clasificación:** en función del tipo de producto o de su embalaje, se puede proceder a una clasificación que facilite su posterior almacenamiento.

⮩ **Etiquetado:** antes de ser almacenada, la mercancía debe ser etiquetada en función del sistema empleado por el almacén para facilitar su localización y mejor control de unidades existentes.

⮩ **Registro:** es la última fase, en la que los productos recibidos son dados de alta en el sistema y pasan a formar parte del *stock* del almacén.

 **DEFINICIÓN**

Albarán

Se trata del documento donde deben aparecer los productos y las cantidades que conforman un pedido. Se denomina *valorado* o *no valorado* si también aparecen reflejados los precios de los productos.

Es preciso saber que, además de los pasos que deben seguirse a la hora de recepcionar la mercancía que llega al almacén, existen una serie de **recomendaciones** que ayudarán a conseguir el éxito en la realización de esta tarea. En primer lugar, es conveniente que la zona dedicada a la recepción se encuentre limpia y ordenada con el fin de facilitar el trabajo de los operarios.

Por otra parte, es aconsejable que los procesos o pasos que se lleven a cabo se estandaricen en la medida de lo posible de manera que todos los trabajadores ejecuten los procesos de la misma manera. Por último, es necesario conocer los productos que necesitan de un control de calidad diferente debido a su naturaleza.

 **EJEMPLO**

La recepción y manipulación de productos o mercancías denominadas *peligrosas* requieren de un tratamiento especial recogido en una serie de normativas para evitar riesgos que puedan afectar a los trabajadores o que puedan dañar el producto.

Continúa en página siguiente >>

<< Viene de página anterior

Las carretillas elevadoras son uno de los equipos más empleados para realizar la descarga de la mercancía.

3.2. Registro de entradas y salidas del almacén

El flujo de mercancías supone un movimiento de productos dentro del almacén que obliga a llevar un control exhaustivo de las entradas y salidas para poder conocer en todo momento el *stock* real disponible en el área de almacenamiento.

En este sentido, las entradas del almacén hacen referencia todos aquellos productos que, una vez que han sido verificados cualitativa y cuantitativamente, son introducidos al almacén y se suman a las existencias que ya se encuentran almacenadas.

Por otro lado, las salidas del almacén son todos los productos demandados por los clientes y que, una vez que son acondicionados correctamente, están en condiciones de abandonar el almacén en el medio de transporte adecuado para su distribución al punto de entrega indicado por el cliente.

Es por esto por lo que podemos entender las salidas y entradas del almacén como el alta y baja de los distintos productos. Esto es así porque, en la actualidad, la gran mayoría de los almacenes se ayuda del empleo de **sistemas de gestión de almacenes (SGA)** para llevar el control de los movimientos de productos que se producen en su interior.

Los **SGA son *softwares* informáticos** encargados de gestionar todos los procesos del almacén mediante el uso de la tecnología conocida como **ra-**

diofrecuencia (**RFID**). La ventaja de estos sistemas radica en la mejora en el control de los productos y en la reducción de la documentación que acompaña a cada proceso del almacén. Por el contrario, el inconveniente de estos programas se encuentra en la inversión que conlleva su instalación y la formación necesaria de los empleados para el manejo de estos programas.

Escáner de radiofrecuencia

SGA

 **VÍDEO**

Mecalux es una de las empresas más importantes dentro del sector logístico como suministradora de diferentes servicios. Entre ellos, se encuentra el SGA *Easy WMS*, cuyo funcionamiento se muestra en el siguiente vídeo, al que podrás acceder desde aquí:

https://redirectoronline.com/coml008po0301

De esta forma, el registro de entrada o de salida de productos se simplifica de manera que en dos simples pasos la operación quedaría grabada en el sistema:

○ **Escáner radiofrecuencia:** esta herramienta se emplea para pistolear la mercancía que entra o va a ser distribuida para que el SGA genere la correspondiente etiqueta.

El escáner o pistola de radiofrecuencia suele emplearse para obtener diferente información del producto almacenado.

○ **SGA:** una vez generada la etiqueta, el sistema dará de alta o de baja los productos y la cantidad que ha sido pistoleada para poder actualizar el *stock.*

 ACTIVIDAD COMPLEMENTARIA

3. Valora la importancia que puede tener para los almacenes la verificación y control de la mercancía, tanto en la entrada como en la salida del almacén. ¿Cuáles son las consecuencias que podría conllevar el no ejecutar correctamente ambas operaciones?

3.3. Almacenamiento de materiales

El almacenamiento de los productos presentes en el almacén consiste en la asignación de una determinada ubicación en función del tipo de mercancía y del formato o embalaje que presente.

Por ello, a la hora de asignar una ubicación a un determinado artículo, se deben tener en cuenta diferentes aspectos como pueden ser la rotación o frecuencia de salida, el peso o el método de conservación necesario. Así, la zona de almacenamiento es una pieza clave en la cadena de operaciones ejecutadas en el almacén, ya que puede optimizar tareas como la extracción de productos y, de esta manera, acortar los plazos de entrega con el cliente, aspecto que aumentará su grado de satisfacción.

En cuanto al diseño de la zona de almacenaje, esta debe favorecer el aprovechamiento máximo del espacio disponible y debe ser organizada de manera que tanto el número de manipulaciones como el de recorridos por realizar para la extracción de productos sea el menor posible.

Por otra parte, dentro del área de almacenaje se encuentran los diferentes **sistemas de almacenamiento** que existen para la colocación de los diferentes productos. La elección de estos sistemas va a depender de diferentes criterios de clasificación, e incluso la rotación de los productos va a definir en gran medida el uso de uno u otro sistema, entre los que podemos citar:

⇨ **Convencional:** es el sistema más empleado para el almacenaje, ya que puede emplearse para cualquier tipo de mercancía y resulta de fácil acceso para su extracción.

En el almacenaje convencional pueden ubicarse mercancías de diferentes clases y características.

⇨ **Dinámico:** este almacenamiento se basa en un criterio cronológico, de manera que los productos que primero han sido almacenados son los primeros en ser extraídos.

El almacenaje dinámico emplea un sistema de rodillos que consigue la rotación de la mercancía y mantiene un orden cronológico en la extracción.

➲ **En bloque:** se trata de un sistema que carece de estructura de almacenamiento, ya que se basa en la superposición de las mercancías unas encima de otras.

El almacenaje en bloque suele emplearse en productos como los materiales de construcción debido a su resistencia.

3.4. Mantenimiento de materiales y de almacén

El mantenimiento de los productos que se encuentran en el interior del almacén es el establecimiento de las condiciones que estos necesitan en función de sus características para que lleguen en perfecto estado a los clientes que los solicitan.

En este sentido, estamos haciendo referencia a aspectos como la limpieza de las diferentes zonas y sistemas de almacenaje, los niveles de humedad o la temperatura que necesitan ciertos productos para mantener el nivel de calidad, especialmente si se trata de perecederos, ya que, si no presentan unas condiciones óptimas de conservación, pueden ser perjudiciales para los clientes que los consuman.

Es por ello por lo que las instalaciones de los almacenes deben estar diseñadas y contar con las medidas y equipamientos necesarios para **garantizar el perfecto estado de los productos almacenados,** por lo que deben disponer de zonas de dispensación, zonas frigoríficas o de temperatura controlada, entre otras.

Por ello, mención aparte merecen los productos que necesitan unos niveles concretos de temperatura o humedad, ya que existe diferente normativa donde se establecen las normas que deben seguir los almacenes a la hora de conseguir una óptima conservación de estos.

 **IMPORTANTE**

Para el mantenimiento de los productos, es muy importante conocer la tipología y las características de estos para proceder a un tipo de almacenamiento u otro.

De este modo, el almacenamiento de productos frescos no puede presentar las mismas condiciones que el almacenamiento de productos a temperatura ambiente, puesto que, de ser así, los primeros verían afectada su calidad y no podrían ser distribuidos a los clientes.

Por otro lado, al igual que los productos almacenados necesitan un **mantenimiento determinado para garantizar su conservación y un alto nivel de calidad,** las áreas o medios donde son almacenados necesitan también una supervisión de manera que cumplan la función de conservación para la que son empleados.

Las cámaras frigoríficas, generadores de aire, reguladores de temperatura, entre otros, son sistemas empleados por los almacenes para que cada producto pueda ser ubicado en su correspondiente zona bajo unas condiciones que aseguren que la calidad no disminuirá durante el tiempo de almacenamiento.

Para garantizar el buen funcionamiento de estos sistemas, los almacenes suelen llevar a cabo diferentes **tipos de mantenimiento** con el objetivo de prevenir posibles fallos que puedan afectar a la calidad de sus productos, entre los que podemos destacar:

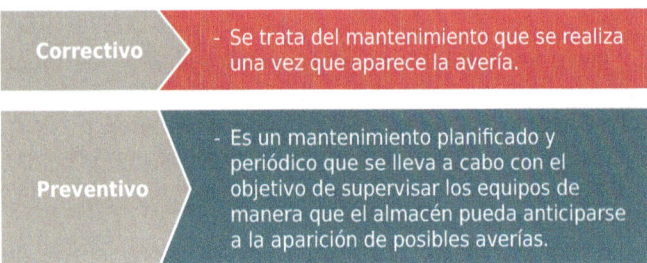

| Correctivo | - Se trata del mantenimiento que se realiza una vez que aparece la avería. |
| Preventivo | - Es un mantenimiento planificado y periódico que se lleva a cabo con el objetivo de supervisar los equipos de manera que el almacén pueda anticiparse a la aparición de posibles averías. |

3.5. Despacho de materiales

El **despacho de materiales o expedición** hace referencia al proceso en el que los productos o pedidos de los clientes salen del almacén para ser distribuidos al cliente y se cumple con sus especificaciones en tiempo y forma, es decir, cumpliendo los plazos de entrega establecidos y entregando la cantidad de producto solicitada en perfecto estado.

Dentro del proceso de expedición podemos incluir el **denominado *picking* o preparación de pedidos.** Esto es así, ya que la expedición es el último paso de un proceso que se inicia cuando el cliente realiza el pedido. De esta manera, una vez que este es recibido en el almacén, los operarios de *picking* proceden a la extracción de los diferentes productos solicitados para llevarlos a la zona de expedición, donde serán despachados hacia su punto de entrega.

De una manera gráfica, podemos representar el proceso mencionado mediante el siguiente esquema:

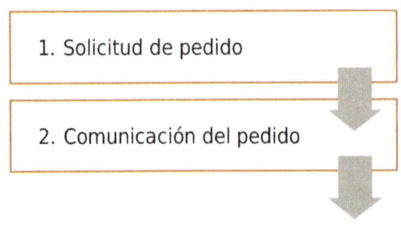

1. Solicitud de pedido

2. Comunicación del pedido

Continúa en página siguiente >>

<< Viene de página anterior

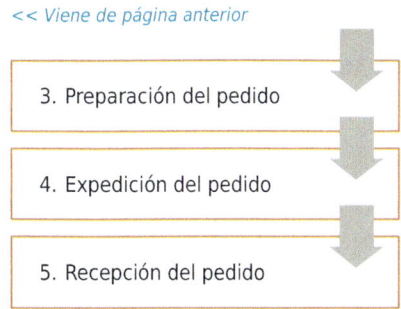

3. Preparación del pedido

4. Expedición del pedido

5. Recepción del pedido

A la hora de proceder a la expedición de productos o pedidos, existen tres pasos previos que los almacenes deben seguir para garantizar el éxito del proceso.

En primer lugar, debe realizarse la **consolidación de productos** con el objetivo de conseguir un ahorro económico y de manipulaciones en la carga y transporte de las mercancías. Esta consolidación suele responder a dos criterios:

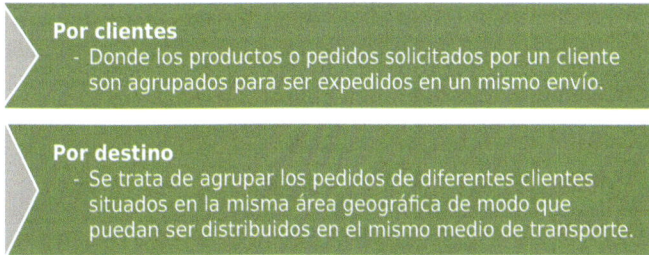

Por clientes
- Donde los productos o pedidos solicitados por un cliente son agrupados para ser expedidos en un mismo envío.

Por destino
- Se trata de agrupar los pedidos de diferentes clientes situados en la misma área geográfica de modo que puedan ser distribuidos en el mismo medio de transporte.

El segundo de los pasos, al igual que ocurre en la recepción, es la verificación de los productos que van a ser enviados, es decir, la **comprobación de que la cantidad y la calidad** de estos cumple las especificaciones solicitadas por el cliente. Esta fase del proceso consta de dos tareas diferenciadas:

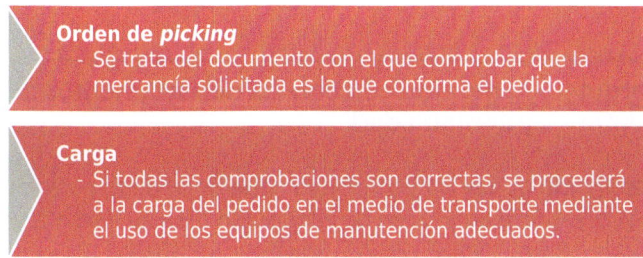

Orden de *picking*
- Se trata del documento con el que comprobar que la mercancía solicitada es la que conforma el pedido.

Carga
- Si todas las comprobaciones son correctas, se procederá a la carga del pedido en el medio de transporte mediante el uso de los equipos de manutención adecuados.

Por último, a la hora de realizar el envío de los productos o pedidos, estos deben ir acompañados de la correspondiente **documentación,** ya que, de no ser así, la mercancía no puede ser transportada ni entregada al cliente. La documentación es la siguiente:

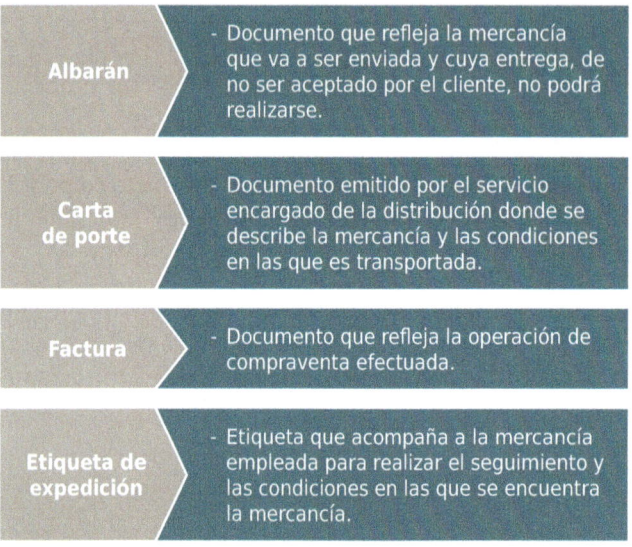

Albarán	- Documento que refleja la mercancía que va a ser enviada y cuya entrega, de no ser aceptado por el cliente, no podrá realizarse.
Carta de porte	- Documento emitido por el servicio encargado de la distribución donde se describe la mercancía y las condiciones en las que es transportada.
Factura	- Documento que refleja la operación de compraventa efectuada.
Etiqueta de expedición	- Etiqueta que acompaña a la mercancía empleada para realizar el seguimiento y las condiciones en las que se encuentra la mercancía.

 **TAREA 3**

La empresa La Portuguesa S. L., dedicada al almacenamiento y comercialización de yogures y diferentes productos lácteos, basa su actividad en la distribución de productos a diferentes minoristas de su región.

¿Qué actividades se llevarán a cabo en su almacén de yogures y productos lácteos?

- -

3.6. Coordinación del almacén con los departamentos de control de inventarios y contabilidad

Entendiendo que el almacén forma parte de la denominada *cadena de suministro* y que, a su vez, en su interior también se llevan a cabo una serie de operaciones en diferentes áreas, la coordinación entre los diferentes departamentos resulta imprescindible para conseguir resultados satisfactorios y generar una ventaja competitiva que permita a la empresa aumentar su presencia en el mercado logístico.

Por ello, debemos entender que el almacén es una parte muy importante dentro del organigrama de la empresa. En función de la actividad y tamaño que pueda tener esta, el organigrama contará con un mayor o menor número de departamentos, entre los que debe existir **comunicación, colaboración y coordinación.**

El organigrama muestra la jerarquía presente en una empresa y los diferentes niveles existentes.

En el caso concreto del almacén, la coordinación debe existir con todos los departamentos de la empresa, pero existen dos áreas donde el almacén debe llevar un trabajo más colaborativo, como es el caso del **departamento de inventarios y el de contabilidad.**

En primer lugar, la importancia de la coordinación con el área de inventarios radica en la importancia y necesidad que tiene el almacén de trabajar en todo momento con información real y actualizada. Dicho de otra manera, es imprescindible conocer en todo momento el nivel de existencias disponibles en el almacén, que debe ser resultado de las numerosas entradas y salidas de productos del almacén.

Por este motivo, los procesos de recepción y expedición tienen gran importancia dentro del almacén, ya que son los encargados de registrar el alta y las bajas de los productos. Por lo tanto, almacén e inventarios deben realizar una labor conjunta desde el punto de vista de la aceptación o rechazo de los pedidos que puedan solicitar los clientes, ya que, si todas las operaciones son realizadas correctamente, conoceremos la disponibilidad real de los productos y se evitarán posibles **roturas de *stock*** que puedan producir la insatisfacción de los clientes finales.

 **DEFINICIÓN**

Inventario

Es el recuento y contabilización de todos los productos y materiales existentes dentro de una empresa. Se considera *físico* cuando es realizado por los trabajadores e *informático* cuando es el resultado de las entradas y salidas de productos registradas.

El resultado derivado de ambos recuentos se conoce como *inventario real.*

En segundo lugar, la relación existente entre el almacén y el departamento de contabilidad se basa en el control económico que es preciso llevar tanto en las compras como en las ventas de materias o productos, ya se trate de una empresa industrial o una empresa comercial. En ambos casos, se realizan compras, o bien de materias primas, o bien de productos terminados, y se producen ventas de los artículos que se comercialicen.

En este sentido, debe existir **coordinación y comunicación** entre estas áreas con un doble objetivo. Por un lado, a la hora de aprovisionar, es muy importante que ambos departamentos conozcan tres aspectos muy importantes: **qué, cuánto y cuándo aprovisionar,** de manera que el flujo comercial no se vea interrumpido y no se incurra en sobrecostes por compras innecesarias.

Por otro lado, desde un punto de vista comercial, el departamento de contabilidad debe estar informado de la disponibilidad o no de los productos del almacén para poder aceptar o rechazar el pedido de un cliente sin que aparezcan posibles errores, como puede ser un retraso en el plazo de entrega debido a la falta de existencias.

IMPORTANTE

Podemos entender el flujo de materiales como una secuencia de operaciones en la que, si no existe la coordinación y colaboración necesarias, resulta imposible que la empresa pueda ser competitiva y obtener los beneficios deseados.

---

4. Áreas del almacén: recepción, almacenamiento y entrega

 HILO CONDUCTOR

El diseño del almacén es una difícil tarea, que tendrá una gran influencia en el éxito o fracaso de la empresa. Por ello, Alejandro debe conocer las áreas que necesita para realizar todos los procesos y asignar los espacios correspondientes en el almacén de manera que este y el flujo de mercancía sean lo más operativos y eficientes posible.

El diseño del almacén, o *layout,* hace referencia a la distribución de los distintos espacios que conforman el almacén y en los cuales se desarrollan las diferentes actividades necesarias para que los pedidos puedan llegar a los clientes en las condiciones solicitadas.

En este sentido, cada almacén buscará ubicar las diferentes estancias en función de su actividad con el objetivo de que el flujo de los productos sea lo más fluido y eficiente posible. No obstante, a la hora de diseñar los espacios necesarios, es preciso tener en cuenta una serie de aspectos o **criterios,** como son:

Producto
- Las características de los productos almacenados influirán en el diseño de los espacios del almacén.

Continúa en página siguiente >>

<< Viene de página anterior

Cantidad
- La cantidad de unidades que se vayan a recepcionar y la periodicidad de las entradas determinarán el diseño de zonas como los muelles de carga y descarga.

Capacidad
- El número de unidades mínimas y máximas que pueden ser almacenadas es un factor clave en el diseño del almacén.

En todo caso, independientemente de la actividad comercial o industrial llevada a cabo por la empresa, y la tipología de almacén de que se trate, ya sea central, regional o de tránsito, existen tres áreas presentes en cualquier *layout:*

Recepción
- Es la zona habilitada para comprobar la cantidad y la calidad de la mercancía recibida y donde también se lleva a cabo la codificación de los diferentes productos mediante el sistema de etiquetado, así como su adaptación al almacenamiento en función del embalaje que presente la mercancía.

Almacenamiento
- Lugar donde se depositan los productos durante el tiempo que sea necesario. Dispone de una buena accesibilidad y seguridad para los que accedan a ella.

Entrega
- Zona destinada a la ubicación temporal de los productos o pedidos hasta que son introducidos en el medio de transporte para ser entregados al cliente. Esta área lleva a cabo los procesos de consolidación, embalaje, control y verificación de mercancías que van a ser expedidas.

APLICACIÓN PRÁCTICA

La empresa El Castillo se dedica a la distribución de bebidas para el sector de la hostelería de su región. Lleva a cabo las siguientes tareas para hacer llegar sus productos a los clientes:

- **Comprobar la estabilidad de los pedidos que van a ser distribuidos.**
- **Asegurar las condiciones óptimas para mantener en el mejor estado posible la mercancía.**
- **Registro de la mercancía que va a ser almacenada.**
- **Identifica la zona del almacén donde se ejecutarían estas operaciones.**

Solución

Comprobar la estabilidad de los pedidos que van a ser distribuidos se realiza en la zona de expedición. En el área de expedición es donde se llevan a cabo las verificaciones finales; entre ellas, comprobar la estabilidad de la carga para su transporte.

Asegurar las condiciones óptimas para mantener en el mejor estado posible la mercancía se realiza en la zona de almacenamiento. En función de las características de los productos, el área de almacenamiento debe disponer de las condiciones necesarias para su óptima conservación.

El registro de la mercancía que va a ser almacenada se realiza en la zona de recepción. El último paso de la recepción es el registro de entrada o alta de los productos que pasan a formar parte del *stock* de la empresa.

- -

5. Resumen

El almacén supone la mejor herramienta de la que disponen las empresas logísticas para hacer llegar a los clientes los productos que estos solicitan cumpliendo sus especificaciones de calidad y tiempo.

Esto es así porque en su interior tienen lugar todas las operaciones que van a propiciar que los productos se encuentren en perfectas condiciones y los procesos por los cuales los tiempos de entrega pactados con el cliente se cumplan en todo momento, factores que añaden valor al producto y servicio y que son percibidos por este.

Por lo tanto, es muy importante que los almacenes funcionen de acuerdo con unos principios organizativos y desempeñen unas funciones establecidas y compartidas por todos los trabajadores con el fin de aumentar la operatividad, la productividad y el rendimiento del almacén y, por consiguiente, de la empresa.

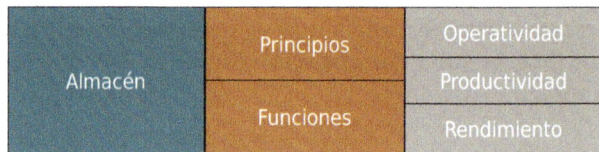

Por otro lado, para alcanzar esa mejora en la productividad o en el rendimiento, resulta esencial que en el almacén se encuentren perfectamente delimitadas las diferentes zonas donde se van a ejecutar las operaciones y procesos desde el momento que se reciben las mercancías hasta que abandonan las instalaciones.

Así pues, los trabajadores deben conocer perfectamente el lugar en que se encuentran las diferentes áreas y las tareas que se deben realizar en cada una de ellas, de este modo se estandarizarán los procesos y se conseguirá que todos los trabajadores ejecuten su actividad de la misma manera.

Ejercicios de autoevaluación
Unidad de Aprendizaje 3

1. Indica si la siguiente afirmación es verdadera o falsa. "Las empresas buscan aumentar el número de existencias para cumplir con los pedidos demandados".

   ■ Verdadero
   ■ Falso

2. Principio que hace referencia a que el almacén debe presentar un nivel de existencias con el cual sea capaz de satisfacer la demanda de sus clientes.

   a. Equilibrio
   b. Flexibilidad
   c. Coordinación
   d. Optimización

3. El almacenaje...

   a. ... es el proceso de verificación y comprobación posterior a la entrada de los artículos.
   b. ... hace referencia a las condiciones que deben existir para que los productos se mantengan en óptimas condiciones.
   c. ... se basa en el almacenamiento de productos necesarios sin incurrir en sobrecostes derivados del almacenaje o gestión
   d. ... consiste en la ubicación de los productos en los sistemas de almacenaje adecuados.

4. ¿Cuál es la última fase en la que los productos recibidos son dados de alta en el sistema y pasan a formar parte del *stock* del almacén?

   a. Registro
   b. Etiquetado
   c. Descarga
   d. Clasificación

5. **¿Cuál es el sistema de almacenamiento más adecuado cuando los productos presentan una fecha de caducidad?**

    a. Convencional
    b. Dinámico
    c. En bloque
    d. Todas las opciones son incorrectas.

6. **Indica si la siguiente afirmación es verdadera o falsa. "El mantenimiento correctivo es el que se lleva a cabo cuando aparece la avería".**

    ■ Verdadero
    ■ Falso

7. **¿Cuál es el documento que refleja la mercancía que va a ser enviada y cuya entrega, de no ser aceptado por el cliente, no podrá realizarse?**

    a. Factura
    b. Albarán
    c. Carta de porte
    d. Etiqueta de expedición

8. **No es un criterio a la hora de diseñar un almacén:**

    a. Producto
    b. Cantidad
    c. Capacidad
    d. Calidad

9. **El documento con el que comprobar que la mercancía solicitada es la que conforma el pedido es:**

    a. El albarán
    b. La orden de *picking*
    c. La carta de porte
    d. La factura

10. Ordena adecuadamente los siguientes procesos del almacén:

    a. Recepción - Almacenamiento - Entrega
    b. Entrega - Recepción - Almacenamiento
    c. Almacenamiento- Entrega - Recepción
    d. Recepción - Entrega - Almacenamiento

Vida del almacén

Contenido

1. Introducción
2. Equipos de almacenamiento
3. Unidades de manipulación
4. Protección física de la mercancía
5. Movimientos de carga y mercancías
6. Resumen

Objetivos

El objetivo general de esta Unidad de Aprendizaje es:

→ Conocer los sistemas de almacenamiento existentes.

Los objetivos específicos de esta Unidad de Aprendizaje son:

→ Identificar los sistemas empleados en la protección de productos.

→ Conocer las distintas unidades de manipulación.

→ Identificar los tipos de embalajes.

→ Saber el flujo de mercancías del almacén.

1. Introducción

Las actividades llevadas a cabo en el interior de un almacén se basan en el almacenamiento y organización de todos los tipos de productos necesarios para cumplir con el servicio ofrecido, ya se trate de materias primas, productos semiterminados o aquellos que ya se encuentran en condiciones de poder ser comercializados y distribuidos.

Por ello, cualquier empresa destinada a la conservación de productos debe tener en cuenta las características tanto de las mercancías como del soporte en el que se encuentren para disponer de los medios de almacenaje adecuados con el fin de garantizar unas condiciones óptimas para su almacenamiento y control. Relacionado con esto, es muy importante el empleo de sistemas de protección para asegurar que los pedidos solicitados por los clientes sean entregados en unas condiciones de calidad que cumplan con las expectativas de este.

El grado de eficiencia del flujo de mercancías existente en el almacén va a repercutir notablemente en el éxito o el fracaso de la actividad llevada a cabo y en la consecución de los objetivos marcados, por lo que los movimientos que deban ejecutarse deben estar planificados y realizarse con los medios técnicos adecuados al tipo de producto y traslado.

Por todo esto, tanto las actividades que se realicen como los medios estructurales y técnicos disponibles para su ejecución son una herramienta fundamental para lograr un alto nivel de calidad y ofrecer un servicio que responda a las condiciones y especificaciones que puedan solicitar los potenciales clientes finales.

En el caso de Alejandro, el puesto que ocupa en el almacén conlleva llevar a cabo todo el control y organización de todos los procesos que tienen que realizarse para cumplir con el servicio ofrecido. En este sentido, debe planificar todos los aspectos relacionados con los productos, es decir, cómo almacenarlos y cómo conseguir las mejores condiciones para garantizar un alto grado de calidad en ellos.

2. Equipos de almacenamiento

☞ HILO CONDUCTOR

Debido a la gran variedad de productos, las diferentes características que pueden presentar cada uno de ellos y a los diferentes soportes en los que pueden llegar a su almacén, Alejandro debe tener en cuenta estos aspectos para poder realizar un diseño del área de almacenamiento que garantice un proceso de almacenaje eficiente y optimice los procesos que deban desarrollarse, como son el control de existencias y la extracción de mercancías, para conformar los pedidos que soliciten los clientes.

Los sistemas o equipos de almacenamiento son todas aquellas estructuras presentes en la zona del almacén destinada al almacenaje que soportan y conservan todos los productos en los diferentes formatos o soportes que puedan presentar.

El elemento principal y más empleado para llevar a cabo este proceso son las estanterías y las múltiples variantes que existen de este tipo de estructura con el fin de ajustarse a las características de los productos que deban almacenar y en función del grado de automatización que presenten.

En este sentido, los sistemas de almacenaje pueden clasificarse según los siguientes criterios:

La manipulación de la mercancía
- Este criterio hace referencia al estado en el que se encuentra la mercancía, es decir, si puede ser manipulada mediante equipos de manutención o, por el contrario, necesita sistemas espaciales de almacenaje debido a la inexistencia de soportes, como es el caso de la mercancía a granel.

Las estanterías
- Son el método de almacenamiento más empleado debido a la flexibilidad que ofrecen a la hora de poder almacenar productos de una gran variedad de características y soportes, además de ser compatibles con medios de almacenaje convencional y automatizados.

Continúa en página siguiente >>

<< Viene de página anterior

> **La organización de las mercancías**
> - Este criterio se refiere al método empleado por el almacén a la hora de asignar ubicaciones de los productos, bien empleando siempre el mismo lugar para los mismos productos, bien almacenando en función del espacio disponible.

 EJEMPLO

Cuando la mercancía que debe ser recepcionada es transportada a granel, los almacenes suelen emplear silos o cisternas para su almacenamiento, de manera que son manipuladas cuando hay que proceder a la preparación de pedidos.

Los silos son el sistema empleado cuando la mercancía se almacena a granel, como puede ser el caso de los cereales o productos líquidos que no presentan ningún tipo de envase o embalaje.

 ACTIVIDAD COMPLEMENTARIA

4. Valora la importancia que puede tener para los almacenes la implantación de sistemas de almacenaje automático a pesar de la gran inversión que conlleva. ¿Cuándo resulta rentable la implantación de estos sistemas?

En este sentido, exceptuando el almacenamiento de la mercancía a granel, los medios empleados para el almacenaje de los productos son las estanterías. Existen diferentes tipos en función de las necesidades que tenga el almacén desde el punto de vista de la manipulación de los productos, su presentación o la rotación, entre otros.

Así pues, podemos realizar la siguiente clasificación a la hora de determinar las diferentes variantes de este sistema de almacenamiento:

- **Carga manual:** sirven para todo tipo de productos, ya que sus dimensiones son fácilmente modificables y las posibles ampliaciones para aumentar la capacidad de almacenamiento se realizan de forma rápida y sencilla.

Las estanterías de carga manual pueden modificar su estructura y ser instaladas en diferentes espacios, como son las áreas refrigeradas.

- **De *picking:*** se trata de estanterías con gravedad, ya que presentan una leve inclinación, formadas por múltiples bandejas donde los artículos son depositados para facilitar la preparación de pedidos.
- ***Racks:*** son una estructura metálica diseñada para el almacenamiento de palés con fácil acceso y especialmente útil para el almacenaje de productos heterogéneos de muchas referencias y con rotación de nivel bajo.

Los racks son estanterías que permiten el almacenamiento de palés con diferentes productos y cuya capacidad depende de las limitaciones del almacén.

◗ **Compactas:** estanterías empleadas cuando el almacenamiento de los productos se lleva a cabo en bloque y de manera homogénea, optimizando la capacidad máxima de almacenamiento.

Los sistemas compactos favorecen el almacenamiento del mismo tipo de productos.

◗ **Drive in:** es un sistema de almacenamiento en el que la estantería se encuentra anclada a las paredes del almacén formando calles interiores de carga donde se depositan los palés. Este sistema de almacenamiento resulta muy útil en el uso del método LIFO.

Por ejemplo, las estanterías *drive in* crean un carril de acceso para la extracción y ubicación de la mercancía.

[79]

⊃ ***Drive through:*** a diferencia del sistema anterior, este tipo de estantería permite el acceso y extracción de palés por ambos lados empleando un sistema de rodillos que favorece el empleo del método FIFO.

Por ejemplo, el sistema rotativo de las estanterías *drive through* favorece la extracción cronológica de los productos.

El sistema drive through permite la introducción de los palés por un lateral y su extracción por el otro mediante el movimiento de estos a través de los carriles.

⊃ **Móviles:** son estanterías con desplazamiento sobre bases móviles o raíles que permiten la eliminación de los pasillos, favoreciendo un fácil acceso a los palés.

Los sistemas móviles de almacenamiento permiten la compactación de las estanterías con el fin de optimizar el espacio del almacén.

⊃ **Cantiléver:** estanterías empleadas para el almacenamiento de mercancías voluminosas mediante el empleo de soportes metálicos que suelen estar anclados en las paredes del almacén.

Las estanterías cantiléver suelen emplearse para materiales de construcción debido a su peso y grandes dimensiones.

 **DEFINICIÓN**

LIFO
Método rotativo de productos basado en que la última existencia en ser almacenada es la primera en ser extraída *(last in, first out)*.

FIFO
Método rotativo de productos basado en que la primera existencia en ser almacenada es la primera en ser extraída *(first in, first out)*.

 PARA SABER MÁS

Puedes consultar un ejemplo del sistema de almacenamiento *drive in* accediendo aquí:

Continúa en página siguiente >>

<< Viene de página anterior

https://redirectoronline.com/coml008po0402

También puedes consultar un ejemplo de estantería con sistema drive *through* accediendo aquí:

https://redirectoronline.com/coml008po0403

 **VÍDEO**

El centro logístico de Grégoire-Besson, especializado en la fabricación de maquinaria agrícola, emplea tres sistemas de almacenamiento diferentes para los distintos productos que necesita para la ejecución de sus procesos y que se pueden observar accediendo aquí:

https://redirectoronline.com/coml008po0401

APLICACIÓN PRÁCTICA

La empresa Ron&Otto se dedica al almacenaje de diferentes tipos de productos para llevar a cabo la distribución a sus clientes. Debido a la variedad de mercancías que suministran, deben seleccionar los sistemas de almacenaje (bloque, a granel o estanterías) que mejor se adapten a la tipología de productos.

Selecciona el sistema de almacenamiento más adecuado para el almacenaje de estos productos:

- Cebada antes de ser transformada en harina.
- Láminas voluminosas de madera.
- Bidones de producto líquido paletizados muy resistentes.

Solución

La cebada que no ha sido transformada aún en harina se deberá almacenar a granel. La mercancía que no presenta ningún tipo de soporte debido a su estado líquido, sólido o gaseoso debe ser almacenada a granel.

Las láminas voluminosas de madera se deberán almacenar en estanterías. Las mercancías con grandes dimensiones son almacenadas en estanterías diseñadas para ello denominadas cantiléver.

Los bidones de producto líquido paletizados y muy resistentes, deberán almacenarse en bloque. Aquellos productos que presenten unas características resistentes que favorezcan el apilamiento sin producir daños pueden ser almacenados en bloque.

- -

3. Unidades de manipulación

 HILO CONDUCTOR

Unas de las tareas más complejas a las que debe enfrentarse Alejandro es la organización de las distintas actividades que van a desarrollarse en el interior

Continúa en página siguiente >>

<< Viene de página anterior

del almacén. Es por este motivo que debe conocer los productos que componen el flujo de mercancías y el formato que presentan para poder gestionar de manera eficiente los procesos de recepción, almacenaje, *picking* y expedición.

El término **unidades de manipulación** hace referencia al **formato o soporte** que presentan las mercancías durante las distintas fases de la cadena de suministro. Elegir un formato u otro dependerá de las **características de los productos** y especialmente de **sus dimensiones.**

Desde un punto de vista logístico, es muy importante conocer todas las posibilidades existentes en materia de soportes de los productos que puedan ser manipuladas en el almacén, ya que influirá enormemente en el diseño de los espacios y en los sistemas de almacenamiento y equipos de manutención.

 IMPORTANTE

Los principales equipos de manutención son todos los medios manuales o eléctricos empleados para el traslado de productos en el almacén en cualquiera de los procesos existentes.

Por estos motivos, la elección de las unidades de manipulación adecuadas favorecerá en los siguientes aspectos:

Reducción de costes
- Las unidades de carga pueden facilitar la agrupación de grandes cantidades de productos, lo que supondrá una minimización de los traslados y, en consecuencia, un ahorro de los costes logísticos.

Reducción de riesgos
- Una eficiente elección de las unidades de manipulación puede reducir el número de interacciones con los productos y, por lo tanto, los riesgos derivados de las actividades de manipulación.

Continúa en página siguiente >>

<< Viene de página anterior

> **Optimización de los sistemas de almacenamiento**
> - Conocer el formato y los soportes de los productos facilitará la selección de los sistemas de almacenamiento y aumentará la eficiencia del área de almacenaje.

> **Aprovechamiento del espacio**
> - La agrupación de productos y la optimización del espacio de almacenamiento favorecerá el aprovechamiento del espacio destinado a otras actividades y procesos.

3.1. Tipos de embalajes

Por otro lado, antes de proceder a enumerar los diferentes soportes que pueden encontrarse en un almacén, es importante conocer y diferenciar entre los tres tipos de embalajes existentes:

● **Primario:** se trata del envase que está en contacto directo con el contenido del producto.

El envase primario se encuentra en contacto con el producto y sirve de protección de su contenido, como es el caso de un frasco de colonia.

● **Secundario:** el embalaje secundario más conocido son las cajas, cuya función es agrupar una cantidad pequeña o grande de embalajes primarios.

Las cajas como embalaje secundario cumplen la función de agrupar un número más o menos grande de envases primarios.

➲ **Terciario:** este tipo de embalaje se emplea como soporte para el traslado de embalajes secundarios en los procesos del almacén y en la distribución.

Los palés son un embalaje terciario cuya función es servir de soporte a envases secundarios como son las cajas.

 TAREA 4

Una empresa dedicada a la distribución de productos a diferentes minoristas de la zona elabora los pedidos en diferentes formatos dependiendo de la cantidad solicitada.

¿Qué tipo de embalaje emplea en el caso de distribuir pequeños envases de doce productos, paquetes de diez envases y lotes de cien envases?

3.2. Tipos de soportes

Con todo esto, es necesario decir que la correcta elección de las unidades de manipulación o soportes de carga también va a influir en la consecución de un alto grado de satisfacción del cliente final, objetivo principal de toda empresa logística.

De entre todos los soportes de carga existentes, los más empleados en las actividades del almacén son los siguientes:

- **Palé:** se trata de una base rígida de diversos materiales para adaptarse a los diferentes espacios de conservación que facilita la manipulación, almacenamiento y transporte de la mercancía.

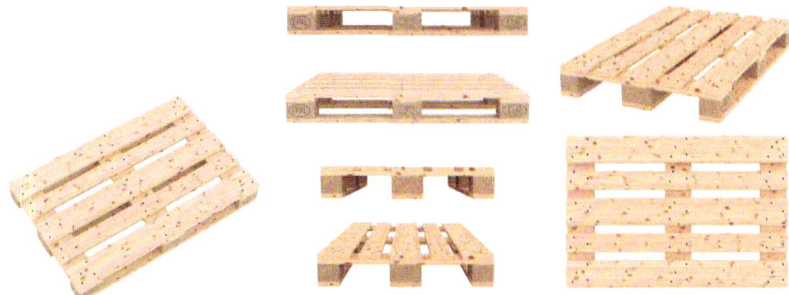

El palé hecho de madera es el soporte de carga más empleado en el interior de los almacenes debido su bajo nivel de deterioro.

- **Cajas:** son el formato más empleado en los almacenes debido a la facilidad que ofrecen para formar unidades de pedido que suelen ir paletizadas.

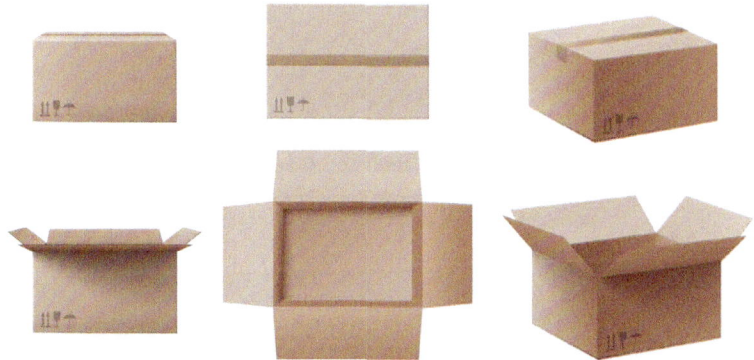

Las cajas de cartón son las más empleadas en el envío de productos y las más útiles a la hora de conformar mercancía paletizada.

⊃ **Contenedores:** suelen emplearse en el transporte multimodal, en el que intervienen más de dos medios de transporte, especialmente si es aéreo o marítimo. Presentan la ventaja de poder agrupar diferentes pedidos, un número elevado de ellos en condiciones seguras.

Los contenedores son un soporte de carga muy empleado en los puertos debido a su capacidad y facilidad de apilamiento.

⊃ **Bandejas:** este soporte es empleado para la manipulación y traslado de pequeñas unidades y en cantidades determinadas debido a sus dimensiones.

Las bandejas son un soporte que facilita la clasificación y almacenamiento de productos con dimensiones reducidas.

4. Protección física de la mercancía

👉 HILO CONDUCTOR

El proceso de expedición es la última de las tareas que se ejecutan en el almacén antes de que los productos y pedidos sean distribuidos a los clientes finales. En este punto, la labor de Alejandro consiste en planificar dicho proceso y, por lo tanto, seleccionar los métodos y materiales que deben proteger la mercancía solicitada por los clientes con el fin de asegurarse de que son enviados en condiciones que garanticen su seguridad, aspecto fundamental a la hora de conseguir un alto grado de satisfacción de estos respecto a los productos recibidos.

Todos los soportes de carga o unidades de manipulación expuestos en el epígrafe anterior cumplen la función de agrupar productos según un criterio determinado por el almacén con el objetivo de ser almacenados o distribuidos.

El objetivo fundamental del uso de este tipo de soportes es la **reducción de las manipulaciones y el número de traslados que deben llevarse a cabo dentro del almacén.** No obstante, aunque el pedido solicitado por el cliente lo componga una caja, un palé lleno de envases secundarios o un contenedor, todos los productos y soportes deben incluir un embalaje o método que los proteja de los posibles riesgos que puedan dañar el estado de la mercancía.

En este sentido, las funciones de los embalajes presentes a la hora de manipular o trasladar productos o pedidos son:

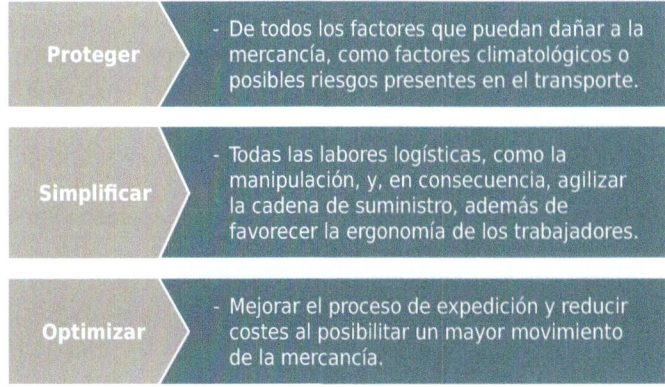

Proteger - De todos los factores que puedan dañar a la mercancía, como factores climatológicos o posibles riesgos presentes en el transporte.

Simplificar - Todas las labores logísticas, como la manipulación, y, en consecuencia, agilizar la cadena de suministro, además de favorecer la ergonomía de los trabajadores.

Optimizar - Mejorar el proceso de expedición y reducir costes al posibilitar un mayor movimiento de la mercancía.

SABÍAS QUE...

El *packaging* es el proceso llevado a cabo en los almacenes en el que realiza la selección y uso de los embalajes destinados a la protección física de los productos.

Por otro lado, los métodos más empleados en el contexto logístico para proteger, sujetar las cargas y conseguir una buena estabilidad son:

- **Flejado:** se emplea para atar bultos, ya sean cajas individuales o palés, con el fin de formar un bloque homogéneo.

El flejado dota de estabilidad a las distintas cargas y facilita operaciones como puede ser la descarga. (© Fotografía: Try_my_best / Shutterstock.com)

- **Retractilado:** se trata de un túnel caliente por el que circula una cinta o transportador con la mercancía recubierta con un plástico, el cual, mediante el uso de calor, se va deformando y adaptando a la forma del objeto que cubre.
  El retractilado es el método de protección más eficiente debido a su adaptación al producto.
- **Enfardado:** se basa en recubrir la carga con un plástico para proteger el contenido y el sistema de embalaje.
  El enfardado es un sistema que añade un mayor grado de protección a la carga debido a su recubrimiento.

 **PARA SABER MÁS**

Puedes conocer más sobre el retractilado accediendo aquí:

https://redirectoronline.com/coml008po0404

Además, puedes conocer más sobre el enfardado accediendo aquí:

https://redirectoronline.com/coml008po0405

5. Movimientos de carga y mercancías

👉 **HILO CONDUCTOR**

A lo largo de la cadena logística se desarrollan una serie de actividades imprescindibles para poder acercar el producto a los clientes finales. Por ello, Alejandro debe conocer los procesos que deben ejecutarse, puesto que cada uno de ellos implica el movimiento de diferentes mercancías, y, de esta manera, seleccionar los métodos y equipos de manutención más adecuados para llevarlos a cabo.

Dentro del almacén, y dependiendo del tipo de empresa, se desarrollarán una serie de tareas, dentro de lo que se denomina **cadena logística,** que harán posible el cumplimiento de las expectativas de los clientes cuando solicitan los productos.

En este sentido, la ejecución de los diferentes procesos tiene que ser documentada con el objetivo de reflejar por escrito todas las operaciones realizadas, por lo que en cualquier empresa logística nos vamos a encontrar con dos tipos de flujos:

Flujo de mercancías
- Se refiere a cualquier actividad que implique un movimiento de mercancías dentro del almacén.

Flujo de información
- Hace referencia a la documentación que debe acompañar en todo momento a los movimientos de mercancías, como pueden ser los albaranes, órdenes de pedido o cartas de porte, entre otros.

Todos estos movimientos de mercancías tienen lugar en las actividades llevadas a cabo desde que se recepcionan hasta que son cargadas en el medio de transporte para entregarlas en su punto de destino. Todas estas actividades es lo que se conoce como **logística,** es decir, todas las tareas que deben llevarse a cabo para garantizar que los productos lleguen a los clientes en las condiciones establecidas en cuanto a tiempo y forma.

Así pues, los procesos que conforman la logística y que implican el movimiento de mercancías dentro de un almacén son:

- **Aprovisionamiento:** se trata de la compra de productos o materias primas necesarias. El movimiento de mercancías se origina en la recepción con la descarga del medio de transporte y su posterior entrada en el almacén.
- **Producción:** es el proceso de transformación de materiales para la creación de un producto terminado. Independientemente del tipo de producción, existe un movimiento de materiales a lo largo de todo el proceso de fabricación.
- **Almacenamiento:** se refiere a la ubicación y conservación de productos y a la zona donde más movimientos de mercancías existen, ya que se lleva a cabo la colocación y la extracción de artículos para su almacenaje o su inclusión en el proceso de *picking*.

- **Distribución:** este proceso significa la salida de los productos o pedidos del almacén. El movimiento de estos se lleva a cabo en la zona de expedición, y su posterior carga, en el medio de transporte.
- **Logística inversa:** este proceso hace referencia al retorno de los productos distribuidos para su posterior almacenamiento o aprovechamiento de diferentes componentes según el tipo de devolución, por lo que existe un movimiento constante de mercancías.

Por último, en cuanto a los movimientos de mercancías, es muy importante ejecutarlos mediante el uso de los **medios técnicos adecuados** en función del proceso, del tipo de mercancía y del grado de automatización. Es preciso tener en cuenta que no podemos emplear el mismo equipo de manutención para el traslado de una caja que en el caso de mercancía paletizada o en el caso de que el proceso se encuentre completamente automatizado.

Este aspecto resulta fundamental a la hora de lograr una mayor operatividad en los procesos y una mayor productividad del almacén, además de favorecer las tareas de prevención de riesgos derivadas de la manipulación de cargas.

6. Resumen

El almacén supone la secuenciación de diferentes actividades dependientes entre sí que deben ejecutarse con el fin de cumplir el objetivo máximo de cualquier empresa logística, que no es otro que lograr la satisfacción y la fidelización de clientes.

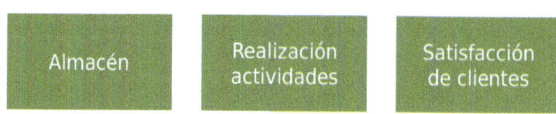

En este sentido, el elemento que mayor valor tiene es el producto, y su tratamiento será un aspecto clave para que el cliente reciba la mercancía solicitada con el grado de calidad esperado.

La labor del almacén se centra en el cuidado y conservación de los distintos productos con el fin de garantizar unas condiciones óptimas que no afecten al estado de estos. Por ello, deben centrar sus esfuerzos en cuatro aspectos diferenciados e interrelacionados entre sí.

En primer lugar, deben planificarse todos los movimientos de productos que van a realizarse en el almacén con el fin de planificarlos y seleccionar el medio de manipulación que más favorezca este flujo de mercancías. Posteriormente, es muy importante que el almacén disponga de los medios de almacenamiento más adecuados al tipo de producto y al soporte de carga en que deban ser manipulados, ya que es un método de garantizar una óptima conservación durante el tiempo que permanezcan en el almacén.

Por último, toda mercancía debe estar protegida de los diferentes riesgos que existen a lo largo de la cadena de suministro, especialmente en la distribución, puesto que es el paso previo a la entrega al cliente y una fase en la que el almacén no puede tener un control exhaustivo, ya que se desarrolla fuera de las instalaciones.

En conclusión, si todas estas actividades son ejecutadas correctamente, existe un alto porcentaje de posibilidades de que los productos lleguen a los clientes en el estado esperado por ellos y, por consiguiente, el almacén cumpla con sus expectativas.

- Planificar movimientos
- Unidades de manipulación
- Sistemas de almacenaje
- Protección de mercancías

Ejercicios de autoevaluación
Unidad de Aprendizaje 4

1. La organización de las mercancías...

    a. ... hace referencia al estado en el que se encuentra la mercancía, es decir, si puede ser manipulada mediante equipos de manutención o, por el contrario, necesita sistemas espaciales de almacenaje.

    b. ... se refiere al método empleado por el almacén a la hora de asignar ubicaciones de los productos.

    c. ... es el método de almacenamiento más empleado debido a la flexibilidad que ofrece a la hora de poder almacenar productos.

    d. Todas las opciones son incorrectas.

2. Permite el acceso y extracción de palés por ambos lados empleando un sistema de rodillos que favorece el empleo del método FIFO:

    a. *Racks*

    b. Cantiléver

    c. *Drive through*

    d. *Drive in*

3. Las estanterías cantiléver...

    a. ... son empleadas para el almacenamiento de mercancías voluminosas mediante el uso de soportes metálicos que suelen estar anclados en las paredes del almacén.

    b. ... son una estructura metálica diseñada para el almacenamiento de palés con fácil acceso y especialmente útiles para el almacenaje de productos heterogéneos de muchas referencias y con rotación de nivel bajo.

    c. ... son empleadas cuando el almacenamiento de los productos se lleva a cabo en bloque y de manera homogénea, optimizando la capacidad máxima de almacenamiento.

    d. ... son empleadas cuando el almacenamiento de los productos se lleva a cabo en bloque y de manera homogénea, optimizando la capacidad máxima de almacenamiento.

4. Método rotativo de productos basado en que la primera existencia en ser almacenada es la primera en ser extraída:

    a. LIFO
    b. FIFO
    c. HIFO
    d. NIFO

5. Suelen emplearse en el transporte multimodal en el que intervienen más de dos medios de transporte, especialmente si es aéreo o marítimo:

    a. Palé
    b. Cajas
    c. Contenedores
    d. Bandejas

6. Indica si la siguiente afirmación es verdadera o falsa. "El envase secundario es el que se encuentra en contacto directo con el contenido del producto".

    ■ Verdadero
    ■ Falso

7. Se basa en recubrir la carga con un plástico para proteger el contenido y el sistema de embalaje:

    a. Precintado
    b. Flejado
    c. Retractilado
    d. Enfardado

8. Indica si la siguiente afirmación es verdadera o falsa. "El flujo de mercancías se refiere a cualquier actividad que implique un movimiento de mercancías dentro del almacén".

    ■ Verdadero
    ■ Falso

9. **Es el proceso de transformación de materiales para la creación de un producto terminado:**

   a. Aprovisionamiento
   b. Producción
   c. Almacenamiento
   d. Distribución

10. **Ordena adecuadamente los siguientes procesos de la cadena logística:**

   a. Producción - Aprovisionamiento - Almacenamiento - Distribución
   b. Almacenamiento - Producción - Aprovisionamiento - Distribución
   c. Almacenamiento - Aprovisionamiento - Producción - Distribución
   d. Aprovisionamiento - Producción - Almacenamiento - Distribución

Prevención de riesgos laborales

Contenido

1. Introducción
2. Riesgos y accidentes habituales
3. Condiciones del entorno
4. Señalización
5. Resumen

Objetivos

Los objetivos generales de esta Unidad de Aprendizaje son:

→ Describir los riesgos derivados de la actividad del almacén.

→ Examinar los daños derivados de los riesgos.

→ Identificar los diferentes tipos de señalización.

Los objetivos específicos de esta Unidad de Aprendizaje son:

→ Identificar las condiciones óptimas del entorno de trabajo.

→ Diferenciar los paneles de señalización.

1. Introducción

La Ley 31/1995 de Prevención de Riesgos Laborales recoge todos los aspectos relacionados con esta materia en el contexto del almacén y define el término riesgo como "la posibilidad de que un trabajador sufra un determinado daño derivado de su trabajo".

Todas las actividades realizadas en el almacén, desde la entrada hasta la salida de productos, conllevan la aparición de posibles riesgos derivados de su manipulación o del manejo de equipos de manutención, entre otros. Por este motivo, todos los trabajadores deben poseer la información y formación correspondiente acerca de los peligros existentes y las medidas que deben llevarse a cabo para reducirlos o evitar su aparición.

Esta es la razón por la que existe la prevención de riesgos laborales, que tiene como finalidad actuar sobre los riegos existentes en los distintos puestos de trabajo, intentando atenuar los daños que se puedan derivar de ellos.

En los almacenes, las principales tareas que se realizan son las de almacenar, manipular y transportar mercancía, por lo que los riesgos más habituales que suelen aparecer están estrechamente relacionados con las características de los productos almacenados, la forma en que son manipulados y las características generales de las instalaciones donde se llevan a cabo las actividades mencionadas.

Por todo esto, tanto el empresario como los trabajadores del almacén tienen una serie de derechos y obligaciones con el objetivo de ejecutar todas las medidas contempladas en el plan de prevención de riesgos de la empresa y poder desarrollar sus tareas en condiciones que garanticen la seguridad y salud de los trabajadores.

En relación con esto, Alejandro, al igual que debe conocer todos los procesos, flujos y todo lo relativo a la manipulación de los productos, también debe planificar y realizar un seguimiento de la prevención de riesgos que debe llevarse a cabo, es decir, debe identificar todos los factores de riesgo existentes y controlar que los trabajadores cumplan con las medidas preventivas destinadas a garantizar la seguridad de todos.

2. Riesgos y accidentes habituales

☞ HILO CONDUCTOR

Conociendo todas la actividades y procesos que van a ejecutarse, Alejandro, como jefe del almacén, es el responsable de controlar que se cumplen todas las medidas de seguridad estipuladas y que los trabajadores siguen las normas sobre el uso de equipos de protección y el empleo de equipos de manutención e instalaciones del almacén. Además, debe asegurarse de que todos sus trabajadores disponen de la formación e información necesaria para el correcto desempeño de sus tareas.

Debido a que el almacén es un lugar donde existen una gran variedad de riesgos, son muchas las medidas preventivas que deben implementarse para disponer de un entorno de trabajo seguro. El objetivo a la hora de poner en marcha un plan de prevención de riesgos laborales es detectar los factores de riesgo que puedan derivarse del trabajo diario para eliminarlos o reducirlos en la medida de lo posible.

✎ DEFINICIÓN

Factor de riesgo
Se trata de cualquier aspecto, situación o producto que pueda originar un daño a la salud de los trabajadores.

Por ello, ante la gran variedad de peligros existentes en el almacén, la prevención de riesgos laborales está compuesta por diversas áreas de estudio encargadas del tratamiento de los riesgos y las correspondientes medidas preventivas. Estas áreas son:

- **Medicina del trabajo:** estudia las enfermedades que pueden originarse a raíz de la actividad laboral.
- **Psicosociología aplicada:** esta área realiza el análisis de aquellos aspectos laborales que pueden causar daños mentales a los trabajadores.

⊃ **Ergonomía:** esta disciplina se encarga de estudiar la adecuación del puesto de trabajo para evitar la aparición de fatiga u otras lesiones en el trabajador.

Departamentos como administración o compras, existentes en el almacén, requieren un trabajo con ordenador, por lo que en estos casos la ergonomía es un área clave a la hora de prevenir posibles lesiones derivadas de malas posturas en el puesto de trabajo.

⊃ **Higiene industrial:** se centra en los diferentes contaminantes existentes en el entorno laboral que pueden afectar a la salud de los trabajadores.
⊃ **Seguridad en el trabajo:** realiza el análisis de los aspectos físicos que pueden ocasionar accidentes en el puesto de trabajo.

 ACTIVIDAD COMPLEMENTARIA

5. Pon en valor la importancia de la prevención de riesgos laborales. Debes pensar en tres situaciones del almacén que puedan dar lugar a caídas en el mismo nivel y recomendar una medida preventiva para cada situación con el fin de que no se repita.

¿Cuántos riesgos y medidas preventivas pueden derivarse de caídas en el mismo nivel?

Después de haber analizado las principales actividades llevadas a cabo en el almacén en unidades anteriores, los riesgos más comunes que pueden aparecer en el desempeño de las distintas tareas son:

- ○ **Caídas a distinto nivel:** se producen en situaciones de pérdida de equilibrio cuando el trabajador se encuentra en altura y el daño es derivado del golpe tras la caída.
- ○ **Caídas al mismo nivel:** se trata del mismo riesgo anterior, pero no existe una diferencia de altura respecto a la superficie donde se produce la caída.
- ○ **Caídas de objetos:** son accidentes ocasionados por el desplome de productos u objetos derivados de una mala praxis.
- ○ **Cortes y pinchazos:** suelen producirse cuando se emplean herramientas o utensilios que tienen alguna parte punzante o cortante.
- ○ **Atropellos:** son los producidos por vehículos en movimiento empleados en las distintas fases de los procesos realizados en el almacén.
- ○ **Contactos eléctricos:** son producidos cuando una corriente eléctrica pasa por el cuerpo humano y produce daños para la salud.
- ○ **Golpes o choques:** se generan como consecuencia de un contacto accidental entre un objeto inmóvil y una o varias partes del cuerpo del trabajador.
- ○ **Contactos térmicos:** accidentes provocados por la manipulación de productos muy fríos o calientes que implican la aparición de quemaduras.
- ○ **Explosiones e incendios:** ocasionados debido a pequeños accidentes o al estado de las instalaciones eléctricas.
- ○ **Atrapamientos:** es la situación que se produce cuando un operario o parte de su cuerpo es aprisionado por maquinaria que ha perdido su estabilidad.

APLICACIÓN PRÁCTICA

Roberto es un trabajador que ha sido contratado por una empresa logística para el desarrollo de distintas actividades. En su primer día, debe realizar la formación correspondiente en materia de prevención de riesgos laborales para posteriormente realizar la prueba de evaluación de dicha formación. Uno de los ejercicios le pide que señale los principales daños derivados de los siguientes riesgos:

- Caídas a distinto nivel
- Contactos eléctricos
- Cortes o pinchazos

Ayuda a Roberto a saber qué principales daños serán consecuencia de estos riesgos.

Continúa en página siguiente >>

<< Viene de página anterior

Solución

Caídas a distinto nivel: una caída que se produzca desde una altura importante puede ocasionar la fractura de algún hueso o contusiones en el físico del trabajador.

Contactos eléctricos: dependiendo de la intensidad del contacto, una de las lesiones puede ser la aparición de problemas respiratorios.

Cortes o pinchazos: el daño más grave que puede ocasionar el corte derivado del empleo de los equipos de trabajo es la pérdida de la parte empleada en el desempeño de la tarea.

---

3. Condiciones del entorno

☞ HILO CONDUCTOR

Uno de los objetivos de Alejandro es garantizar un nivel de productividad que permita a la empresa generar beneficios y dar un buen servicio a los clientes. Para ello, además de realizar una planificación y organización de los procesos, debe asegurarse de que los trabajadores desempeñan sus tareas en las condiciones adecuadas de manera que no afecten a su rendimiento y, en consecuencia, a los resultados esperados.

Según la Ley de Prevención de Riesgos Laborales, las condiciones de trabajo son cualquier característica de este que pueda tener una influencia significativa en la generación de riesgos para la seguridad y la salud del trabajador.

Se consideran **condiciones de seguridad** aquellos aspectos materiales que pueden dar lugar a accidentes de trabajo. Son factores de riesgo derivados de las condiciones de seguridad los elementos que, estando presentes en las condiciones de trabajo, pueden producir daños a la salud del trabajador.

Por esto, las condiciones del entorno hacen referencia a todos los factores ambientales que puedan afectar al nivel de confort en que se lleva a cabo una determinada tarea y que pueden repercutir en la seguridad del trabajador y su rendimiento.

En este sentido, todas las medidas preventivas llevadas a cabo para reducir o eliminar estos riesgos son consideradas **sistemas de protección colectiva,** ya que aspectos como la ventilación o la iluminación son elementos que, en correctas condiciones, generan un entorno de trabajo óptimo para todos los trabajadores.

 **DEFINICIÓN**

EPI
Cualquier equipo destinado a ser llevado o sujetado por el trabajador para que lo proteja de uno o varios riesgos que pueden amenazar su seguridad o su salud en el trabajo, así como cualquier complemento o accesorio destinado a tal fin.

Así pues, la prevención de riesgos laborales establece los siguientes elementos como **factores de riesgo** asociados al ambiente de trabajo:

- **Iluminación:** unas condiciones defectuosas de iluminación son un factor de riesgo para la vista que puede ocasionar fatiga o dolor de cabeza, entre otros, por lo que es preciso disponer de luz natural y artificial cuando sea necesario.
- **Ventilación:** en casos de necesidad debe existir ventilación natural o artificial de modo que se sustituya el aire del interior del almacén por otro en mejores condiciones.
- **Climatización:** la temperatura y el grado de humedad en los almacenes son dos condicionantes importantes para salvaguardar la salud de los trabajadores. Unas malas condiciones térmicas pueden ocasionar problemas fisiológicos o afectar al rendimiento de los trabajadores.
- **Orden y limpieza:** las zonas de paso, salidas y vías de circulación de los lugares de trabajo y, en especial, las salidas y vías de circulación previstas para la evacuación en casos de emergencia deberán permanecer libres de obstáculos de forma que sea posible utilizarlas sin dificultades en todo momento.
- **Ruido:** todo ruido que supere los 80 dB ininterrumpidamente puede ser causa de diferentes lesiones auditivas en los trabajadores.

⮑ **Vibraciones:** los almacenes deben adquirir herramientas cuyo diseño ergonómico permita adaptarse específicamente al trabajo y evite las vibraciones para evitar posibles lesiones físicas o vasculares. Para ello es importante efectuar el adecuado mantenimiento preventivo de las herramientas.

4. Señalización

 **HILO CONDUCTOR**

Además de ser una obligación del empresario, Alejandro también debe asegurarse de que las diferentes señales presentes en el almacén son las adecuadas y que se encuentran en correcto estado. Además, y como en todo lo relacionado con la prevención de riesgos, también tiene la obligación de asegurarse de que los trabajadores cumplen con la información contenida en las diferentes señales.

Entre las normas de adecuación para la protección de la seguridad y la salud de los trabajadores, se encuentran las relativas a la señalización adecuada. Según el Real Decreto 485/1997, "se entiende por señalización de seguridad la referida a un objeto, actividad o situación determinados que proporcione una indicación u obligación relativa a la seguridad o a la salud en el trabajo mediante una señal en forma de panel, un color, una señal luminosa o acústica, una comunicación verbal o una señal gestual, según proceda".

La señalización, como medida de tipo preventivo, advierte de los peligros, refuerza y recuerda las normas de actuación y las obligaciones.

 **DEFINICIÓN**

Señales de seguridad
Son un conjunto de marcas, colores, sonidos, luces, signos, distintivos y otros elementos de comunicación que tienen un significado concreto.

Continúa en página siguiente >>

<< Viene de página anterior

Además, estimulan la capacidad perceptiva del individuo ante situaciones de peligro y provocan una reacción.

Los principales **objetivos del sistema de señalización** son:

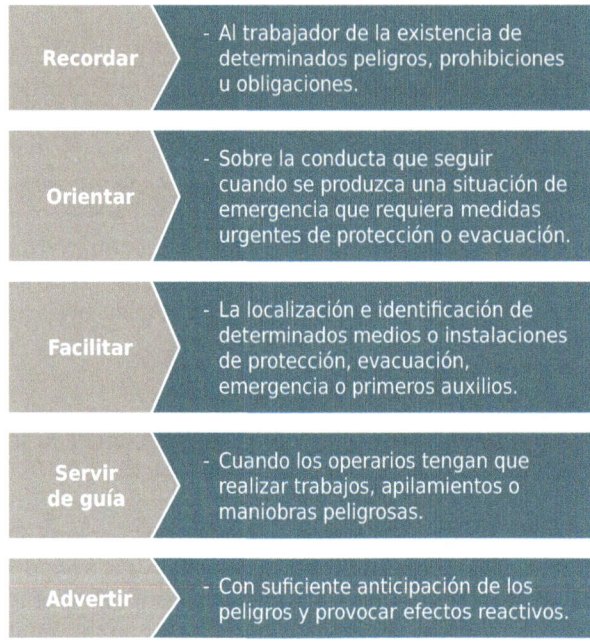

El principal tipo de señalización presente en los almacenes son los **paneles,** es decir, la combinación de una forma geométrica, colores y símbolos o pictogramas que proporciona una determinada información, cuya visibilidad está asegurada por una iluminación de suficiente intensidad.

Estas señales deben reunir una serie de **características** con el fin de asegurar su funcionalidad:

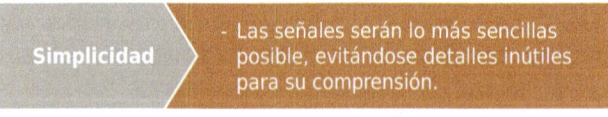

Continúa en página siguiente >>

<< Viene de página anterior

Material	- La composición de las señales debe ser resistente a los golpes, las inclemencias del tiempo y factores medioambientales.
Dimensiones	- La forma y el color de las señales deben garantizar su buena visibilidad y comprensión.

En cuanto al color de las señales, estos constituyen un medio a la hora de transmitir un mensaje, pues el observador enseguida atribuye a cada color un significado, en este caso, en el contexto de la seguridad.

Por ello, los colores empleados en la **señalización,** con su correspondiente significado y advertencia, son:

➲ **Rojo:** significa prohibición, peligro de alarma o peligro de incendio. Su objetivo es evitar comportamientos peligrosos e identificar y localizar material o equipos de lucha contra incendios.

Las señales rojas indican prohibición, como puede ser la restricción de paso a zonas del almacén donde se encuentre almacenada mercancía altamente peligrosa.

➲ **Amarillo:** las señales amarillas significan advertencia, y su objetivo es transmitir precaución y verificar el correcto funcionamiento.

Las señales de advertencia señalan posibles riesgos, como pueden ser las caídas al mismo nivel.

➲ **Azul:** las señales azules hacen referencia a la obligación de un determinado comportamiento o al empleo de un equipo de protección especial.

Las señales azules obligan a los trabajadores a determinadas acciones, como el empleo de los equipos de protección individual.

➲ **Verde:** la señalización de color verde significa salvamento o primeros auxilios, advierte sobre situaciones de seguridad, ubicación de puertas, salidas o puestos de salvamento e indica la vuelta a la normalidad.

Las señales de salvamento contienen información que ayuda al trabajador ante situaciones de peligro o emergencia.

TAREA 5

Roberto se encuentra a punto de coger la carretilla elevadora para comenzar el traslado de mercancía en el interior del almacén. No obstante, al lado de donde se encuentra la máquina hay una serie de señales de obligación que Roberto debe cumplir antes del encendido de la carretilla.

¿A qué obligaciones pueden hacer referencia las señales que se ha encontrado Roberto?

---

5. Resumen

La labor del almacén es uno de los escenarios que más factores de riesgo presenta debido al uso de maquinaria muy variada y a la multitud de procesos que es preciso llevar a cabo. Por este motivo, es muy importante que la prevención de riesgos laborales se encuentre presente en todas las actividades y operaciones que realizan los trabajadores a lo largo de su jornada laboral.

Es necesario que, antes de comenzar cualquier tarea, todas las personas conozcan los posibles peligros que pueden originarse en el transcurso de las operaciones y las medidas preventivas que deben ponerse en marcha en caso de su aparición con el fin de asegurar un entorno seguro para salud de todos los trabajadores.

Por lo tanto, todo lo recogido y establecido en el plan de prevención de riesgos laborales de cada almacén debe centrarse en el establecimiento de las condiciones necesarias para que el trabajador pueda desempeñar sus funciones en condiciones seguras tanto a nivel individual como colectivo.

Así, todas las personas deben disponer de los equipos y herramientas que garanticen el desarrollo de las tareas en condiciones óptimas de protección de aquellas partes físicas que puedan ser dañadas. Además, los responsables del almacén deben ofrecer unas condiciones ambientales de trabajo que no afecten al rendimiento y productividad de los trabajadores ni afecten a su seguridad y salud.

Por último, además de todos estos aspectos, los trabajadores deben poder ayudarse de diferentes señales o mecanismos que alerten y recuerden la presencia de posibles peligros.

De esta manera, si todos los condicionantes mencionados se cumplen, el entorno de trabajo garantizará la seguridad y cuidado de la salud de todas las personas implicadas en el trabajo del almacén.

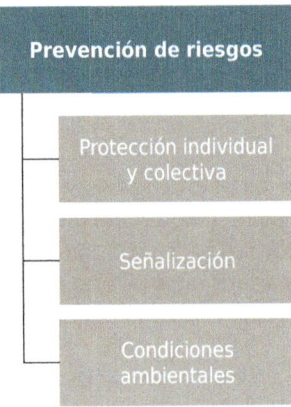

Ejercicios de autoevaluación
Unidad de Aprendizaje 5

1. La _____ realiza el análisis de aquellos aspectos laborales que pueden causar daños mentales a los trabajadores.

   a. medicina del trabajo
   b. psicosociología aplicada
   c. ergonomía
   d. higiene industrial

2. La ergonomía...

   a. ... realiza el análisis de los aspectos físicos que pueden ocasionar accidentes en el puesto de trabajo.
   b. ... se centra en los diferentes contaminantes existentes en el entorno laboral que pueden afectar a la salud de los trabajadores.
   c. ... se encarga de estudiar la adecuación del puesto de trabajo para evitar la aparición de fatiga u otras lesiones en el trabajador.
   d. ... estudia las enfermedades que pueden originarse a raíz de la actividad laboral.

3. Unas malas condiciones de _____ pueden ocasionar problemas fisiológicos o afectar al rendimiento de los trabajadores.

   a. iluminación
   b. ventilación
   c. climatización
   d. vibraciones

4. Este color significa advertencia y su objetivo es transmitir precaución y verificar el correcto funcionamiento:

   a. Rojo
   b. Amarillo
   c. Azul
   d. Verde

5. El objetivo de este color es evitar comportamientos peligrosos e identificar y localizar material o equipos de lucha contra incendios:

   a. Rojo
   b. Amarillo
   c. Azul
   d. Verde

6. Indica si la siguiente afirmación es verdadera o falsa. "Uno de los objetivos de la señalización es recordar al trabajador la existencia de determinados peligros, prohibiciones u obligaciones".

   ■ Verdadero
   ■ Falso

7. Puede ser natural o artificial, de modo que se sustituya el aire del interior del almacén por otro en mejores condiciones:

   a. Iluminación
   b. Ventilación
   c. Climatización
   d. Vibraciones

8. ¿Cuál de los siguientes no es un sistema de protección colectiva?

   a. Orden y limpieza
   b. Iluminación
   c. Ventilación
   d. Calzado de seguridad

9. Indica si la siguiente afirmación es verdadera o falsa. "Una medida preventiva es cualquier aspecto, situación o producto que pueda originar un daño a la salud de los trabajadores".

   ■ Verdadero
   ■ Falso

10. **Se producen en situaciones de pérdida de equilibrio cuando el trabajador se encuentra en altura:**

    a. Atropellos
    b. Caídas al mismo nivel
    c. Caídas a distinto nivel
    d. Contactos térmicos

Glosario

Albarán

Documento donde deben aparecer los productos y las cantidades que conforman un pedido.

Almacén

Espacio del que disponen las empresas para la conservación de sus materiales o productos con el fin de manipularlos correctamente y distribuirlos cuando sean demandados.

Almacenaje

Se trata de la ubicación de los productos en los sistemas de almacenaje adecuados.

Aprovisionamiento

Se trata de la compra de productos o materias primas necesarias.

Cadena de suministro

Conjunto de actividades que se realizan, desde la obtención de materias primas para la fabricación de un producto hasta la distribución de este al punto de venta o cliente final.

Carta de porte

Documento emitido por el servicio encargado de la distribución donde se describe la mercancía y las condiciones en las que es transportada.

Conservación

Condiciones que deben existir para que los productos se mantengan en óptimas condiciones.

EPI

Cualquier equipo destinado a ser llevado o sujetado por el trabajador para que lo proteja de uno o varios riesgos que pueden amenazar su seguridad o su salud en el trabajo.

Equipo de manutención

Medios manuales o eléctricos empleados para el traslado de productos en el almacén en cualquiera de los procesos existentes.

Equipo de trabajo

Método de trabajo basado en la coordinación de los miembros y de las tareas y donde debe existir una estructura y una comunicación conocida y aceptada por todos los participantes.

Ergonomía

Disciplina que se encarga de estudiar la adecuación del puesto de trabajo para evitar la aparición de fatiga u otras lesiones en el trabajador.

Etiqueta de expedición

Etiqueta que acompaña a la mercancía empleada para realizar el seguimiento y las condiciones en las que se encuentra la mercancía.

Expedición

Fase basada en la comprobación de los pedidos para su expedición.

Factor de riesgo

Cualquier aspecto, situación o producto que pueda originar un daño a la salud de los trabajadores.

Factura

Documento que refleja la operación de compraventa efectuada.

Flujo de información

Documentación que debe acompañar en todo momento a los movimientos de mercancías.

Flujo de mercancías

Movimiento y traslado de mercancías existente en el almacén, como son la recepción, el almacenamiento, la extracción y preparación y, finalmente, la expedición.

Grupo de trabajo

Supone la colaboración constante entre sus miembros con el objetivo de intercambiar información que ayude a cada uno a mejorar en la realización de sus actividades.

Higiene industrial

Disciplina que estudia y analiza los diferentes contaminantes existentes en el entorno laboral que pueden afectar a la salud de los trabajadores.

Inventario
Recuento y contabilización de todos los productos y materiales existentes dentro de una empresa.

Logística inversa
Es el retorno de los productos distribuidos para su posterior almacenamiento o aprovechamiento de diferentes componentes según el tipo de devolución.

Medicina del trabajo
Estudia las enfermedades que pueden originarse a raíz de la actividad laboral.

Orden de *picking*
Documento con el que comprobar que la mercancía solicitada es la que conforma el pedido.

Packaging
Proceso llevado a cabo en los almacenes con el que se realiza la selección y uso de los embalajes destinados a la protección física de los productos.

Psicosociología aplicada
Estudia el análisis de aquellos aspectos laborales que pueden causar daños mentales a los trabajadores.

Recepción
Proceso de verificación, comprobación y posterior entrada de los artículos enviados por los proveedores en el almacén.

Seguridad en el trabajo
Realiza el análisis de los aspectos físicos que pueden ocasionar accidentes en el puesto de trabajo.

Sinergia
Acción de dos o más causas cuyo efecto es superior a la suma de los efectos individuales.

Stock mínimo
Cantidad necesaria de productos para hacer frente a la demanda prevista en un periodo de tiempo.

Unidad de manipulación
Formato o soporte que presentan las mercancías durante las distintas fases de la cadena de suministro.

Ventaja competitiva

Aspectos o elementos de una empresa que le permiten ganar mercado a través de la diferenciación del resto de las empresas existentes.

Bibliografía

―――――――
Monografías

→ BRENES, P.: *Técnicas de almacén*. Madrid: Editex, 2015.

Manual muy interesante donde se recoge información sobre los distintos procesos que se ejecutan en el interior de un almacén.

→ ESCUDERO Serrano, M. J.: *Logística de almacenamiento*. Madrid: Paraninfo, 2019.

Este libro resulta muy útil para iniciarse en el estudio de la logística, puesto que recoge todo tipo de información relacionada con la cadena de suministro.

―――――――――――――――――――――――――――――――
Textos electrónicos, bases de datos y programas informáticos

→ La gestión de almacenes en diez pasos prácticos, de: <https://www.gestionar-facil.com>.

Es un artículo de David Polo Moya, fundador de una consultora de sistemas de gestión, donde se analiza en diez pasos breves y sencillos cómo gestionar un almacén de manera eficaz.

→ *Software* de gestión de almacenes Easy WMS, de: <https://www.mecalux.es>.

En esta web pueden leerse y visualizarse vídeos sobre el sistema de gestión de almacenes de Mecalux, empresa líder del sector en ofrecer diferentes soluciones logísticas.